Kompendium über die

Grundfragen zum Sinn des Lebens
woher – wohin?

Eine Aufforderung zur Neuorientierung

AF175735

Helmut Agustoni

Der Sinn des Lebens!

Woher kommen wir?

Warum sind wir hier?

Wohin gehen wir?

Ein Kompendium

über die Grundfragen des Lebens

Dieses Kompendium ist eine Zusammenfassung der
wesentlichen Aspekte aus dem Buch:

Meyer Rolf/Agustoni Helmut: Der Sinn des Lebens! Woher – wohin?
Novum-Verlag: Berlin, München, Neckenmarkt, Zürich 2018
ISBN 978-3-99064-202-3

Ausführliche Quellennachweise findet man dort!

2. Auflage 2022
© Helmut Agustoni
Herstellung: BoD – Books on Demand, Norderstedt
www.bod.ch
ISBN 978-3-75621-279-8

Herausgeber:
Universus,
Verein zur ganzheitlichen Wahrnehmung des Seins
www.universus-org.com
info@universus-org-com

Übersicht

Bist Du auf der Suche nach dem Sinn des Lebens? Du möchtest wissen, woher wir kommen, warum wir hier sind und wohin wir gehen werden? Suchst Du fundierte[1] und trotzdem leicht verständliche Antworten? Willkommen!

Die heutige Schulwissenschaft liefert die Antworten nicht zufriedenstellend. Ihre Sicht ist auf ein materialistisches Weltbild beschränkt: Was nicht messbar und «beweisbar» ist, kann nicht wahr sein. Wenn es die Schulwissenschaft nicht liefern kann, wer dann?

Viele Wissenschaftler haben ihren Horizont längst erweitert und denken ganzheitlicher. Vor allem sind dies weltbekannte Physiker, aber auch Ärzte. Sie sind noch in der Minderzahl und werden darum nicht ernst genommen und oft verlacht.

Ihre Argumente sind so stark geworden, dass man das, was sie gefunden haben, nicht mehr leugnen kann. Sie fanden, Materie gebe es eigentlich gar nicht, sondern alles sei Geist. Als Materie sei er verdichtet. Mit diesem Geist sei nicht das Denken im Gehirn gemeint, wie man sehr oft meint.

Auch fanden sie, dass das Leben mit dem physischen Tod nicht aufhöre. Es gehe auf einer anderen, einer spirituellen, das heisst geistigen Ebene weiter, mit welcher man auch kommunizieren könne.

Damit geben sich Wissenschaft und Religion wieder die Hand, nachdem sie sich durch die Aufklärung getrennt hatten. Religion meint Verbundenheit, Rückgebundensein an eine höhere Macht, die wir Gott nennen.

---

[1] Quellennachweise in Meyer Rolf/Agustoni Helmut: Der Sinn des Lebens! Woher – wohin? Novum-Verlag: Neckenmarkt 2018, ISBN 978-3-99064-202-3

Diese Verbindung zum Höheren pflegen die Weltreligionen auf unterschiedliche Art. Sogar innerhalb teilen sie sich in verschiedene Richtungen auf, die wir Konfessionen nennen.

Von der Idee her sind Konfessionen Glaubensgemeinschaften mit je weitgehend gleicher Lehre. Diese Lehre bekundet, woran die Angehörigen glauben (sollen).

Woher haben die Konfessionen, die Religionen, ihr Wissen, das sie mit Überzeugung als Wahrheit erkennen?

Auch wenn dies nicht mehr überall klar ist: Dahinter stehen Offenbarungen. Diese sind Kundgaben Gottes an dafür empfängliche Menschen, an männliche oder weibliche Propheten, Seher, Wortempfänger usw.

Auf diese Weise hat Gott die Menschheit von Anbeginn an bis auf die heutigen Tage immer und immer wieder belehrt.

Daraus entstanden auch die Heiligen Bücher, die Bibel, der Koran usw. Diese sind auf dem Bildungsstand der jeweils lebenden Menschen ausgerichtet. Dieser hat sich im Verlauf der Jahrhunderte laufend erhöht. Darum sind neuere Offenbarungen immer detaillierter und anspruchsvoller als die früheren.

Daraus sind zwischen den Religionen und Konfessionen unterschiedliche Auslegungen entstanden. Viele Christen gehen davon aus, dass die Offenbarungen der Bibel mit dem Tod des letzten Apostels abgeschlossen gewesen seien. Diese Schrift zeigt, dass sie bis in die heutige Zeit weitergehen.

Und noch dies:

Wenn wir irgendwohin gehen wollen, haben wir ein Ziel. Das gilt auch für unser Leben. Der Sinn des Lebens besteht darin, dieses Ziel zu erreichen. Dieses wollen wir finden.

Inhaltsverzeichnis

Die Physik findet zurück zu Gott

«Die moderne Physik führt uns notwendig zu Gott hin, nicht von ihm fort. - Keiner der Erfinder des Atheismus war Naturwissenschaftler. Alle waren sie sehr mittelmässige Philosophen.»

Sir Arthur Stanley Eddington, (1882-1946),
englischer Astronom und Physiker

Der Rundgang beginnt...

1.1. Am 10. November 2008...

... rast der Krankenwagen mit heulenden Sirenen zur Notfall-station des Allgemeinen Krankenhauses in Lynchburg, Virginia, USA. Eingeliefert wird Dr. med. Eben Alexander, 54, Neurochirurg am selben Spital. Er ist bewusstlos.

In seinem Buch «Blick in die Ewigkeit» schreibt er: «*Ich bekam eine seltene Krankheit (bakterielle Meningitis) und fiel sieben Tage lang ins Koma. In dieser Zeit war mein gesamter Neokortex – die Hirnrinde, also jener Teil des Gehirns, der uns zum Menschen macht – stillgelegt. Ausser Betrieb. Im Prinzip nicht mehr vorhanden.*»

Trotzdem nimmt er im Koma, total real, wie er schreibt, universale Wahrheiten wahr, welche sein bisheriges Weltbild als ganz und gar weltlicher Arzt total verändern. Heute weiss er aufgrund seiner Nahtoderfahrung und allem, was er dabei erlebt hatte: «Der Tod ist nicht das Ende, sondern der Übergang in eine höhere Welt!»

Eben Alexanders Buch ging um die Welt – ein sensationeller Bestseller! Er ist damit nicht allein. Schriften aus dem letzten und vorletzten Jahrhundert bestätigen dies. Andere Ärzte untersuchten Tausende von Nahtoderlebnissen und erlebten eine ähnliche Veränderung in ihrem Weltbild. Trotz einer erdrückenden Indizien-Beweislast bleibt die Mehrheit ignorant. Sie kann es nicht glauben.

Trotzdem, es muss zweifelsfrei mehr geben, als was uns die vorherrschende Schulmedizin und die materialistisch, positivistisch orientierten Naturwissenschaften glauben machen.

Auch mit den Erkenntnissen dieser Ärzte bleibt eine zentrale Frage unbeantwortet, nämlich: Woher stammt dies alles? Interessanterweise sind es namhafte Physiker, welche uns aus naturwissenschaftlicher Sicht zurückführen auf ein Wissen, das für uns bis zur Aufklärung, der «Epoche der Vernunft» (ca.

1720-1800), selbstverständlich gewesen war. Dann hatten sich die Naturwissenschaften von der Religion getrennt und damit die Ganzheitlichkeit verlassen.

1.2. Auf dem Weg zur Ganzheitlichkeit

Ganzheitlichkeit, was ist damit gemeint?

Die Aufklärung hat uns zu dem gemacht, was wir heute sind: beweissüchtig, materialistisch positivistisch: Wir glauben nur noch, was beweisbar ist. Auch wenn dieser Satz so nicht stimmt, meinen wir es zumindest so! Als «wirklich» beweisbar gilt nur, was unter definierten Rahmenbedingungen durch reproduzierbare Versuche beliebig oft bestätigt werden kann.

Wollen wir nur glauben, was wir so beweisen können, bleiben wir auf die Materie beschränkt. Wir werden zu Materialisten und in letzter Konsequenz dann auch zu Atheisten, weil uns ein materiell greifbarer Verursacher ja fehlt. Führende Physiker, vorab Max Planck (1858-1947), Begründer der Quantenphysik, durchbrechen dieses beschränkte Weltbild und führen zurück zu einer ganzheitlicheren, einer alles umfassenderen Sicht:

Er schrieb:

«Es gibt keine Materie, sondern nur ein Gewebe von Energien, dem durch intelligenten Geist Form gegeben wird.»

»Meine Herren, als Physiker, der sein ganzes Leben der nüchternen Wissenschaft, der Erforschung der Materie widmete, bin ich sicher von dem Verdacht frei, für einen Schwarmgeist gehalten zu werden.

Und so sage ich nach meinen Erforschungen des Atoms dieses: Es gibt keine Materie an sich.

Alle Materie entsteht und besteht nur durch eine Kraft, welche die Atomteilchen in Schwingung bringt und sie zum winzigsten Sonnensystem des Alls zusammenhält. Da es im ganzen Weltall aber weder eine intelligente Kraft noch eine ewige Kraft gibt - es ist der Menschheit nicht gelungen, das heiss ersehnte Perpetuum mobile zu erfinden - so müssen wir hinter dieser Kraft einen bewussten intelligenten Geist annehmen. Dieser Geist ist der Urgrund aller Materie. Nicht die sichtbare, aber vergängliche Materie ist das Reale, Wahre, Wirkliche - denn die Materie bestünde ohne den Geist überhaupt nicht - , sondern der unsichtbare, unsterbliche Geist ist das Wahre! Da es aber Geist an sich ebenfalls nicht geben kann, sondern jeder Geist einem Wesen zugehört, müssen wir zwingend Geistwesen annehmen. Da aber auch Geistwesen nicht aus sich selber sein können, sondern geschaffen werden müssen, so scheue ich mich nicht, diesen geheimnisvollen Schöpfer ebenso zu benennen, wie ihn alle Kulturvölker der Erde früherer Jahrtausende genannt haben: Gott!»

Seit mindestens 3500 Jahren, also seit den alten Ägyptern und vielleicht schon früher aus Mesopotamien, Indien, China usw., hat uns immer mehr Wissen aus der geistigen Welt erreicht. Insbesondere «wissen» wir, wenn wir dies wollen, dass der Mensch nicht nur aus Materie, seinem Körper, sondern auch aus Seele und Geist besteht. Diese Erkenntnis bestätigt auch die Bibel (Thes 5,23). Und aus anderen biblischen und nachbiblischen Offenbarungen ist uns noch viel mehr Wissen zugegangen.

Die «moderne» Wissenschaft, zumindest jene, die allgemein anerkannt ist, blendet dies heute in der Regel aus. Öffnet man sich diesem Wissen unvoreingenommen und hinterfragt es nach Thes 5.21: «*Prüfet alles, das Gute bewahret!*», kommen wir zu einer ganzheitlichen Sicht, die uns auch die Frage nach dem Sinn des Lebens schlüssig beantwortet.

Das Grundlagenbuch[2] und damit auch das vorliegende Kompendium basieren auf einer solchen Öffnung. Es trägt Informationen aus zahlreichen biblischen und nachbiblischen Offenbarungen bis in unsere Tage zusammen und stellt dar, was sich daraus im Sinne eines gemeinsamen Nenners als glaubhafteste Wahrheit ergibt. Es ist eine Grundlage zum Nachdenken und zum sich selbst finden und kein Lehrbuch, das die Wahrheit unverrückbar darzustellen meint.

Dieser gemeinsame Nenner zeigt uns auch, dass wir die Bibel und andere Werke in ihrem Sinngehalt unvoreingenommen hinterfragen sollten. Ein Beispiel:

Was wir heute über Schöpfung und Evolution wissen, stimmt in keiner Art und Weise mit den wörtlich genommenen Formulierungen in der Bibel überein. Die Archäologie hat Knochenreste von Frühmenschen gefunden, welche Hunderttausende von Jahren alt sind, dabei kann doch Adam nach biblischer Berechnung erst etwa 4000 vor Christi Geburt geschaffen worden sein.

Irgendwer muss da etwas falsch verstehen, wenn sich Religion und Naturwissenschaft nicht ausschliessen sollen.

Die Zeiten sind vorbei, in welchen man einfach blind glauben konnte. Glauben heisst doch, mit innerer Überzeugung etwas für wahr halten. Also brauchen wir Erklärungen. Die bisherige Exegese (Bibelauslegung) schafft die Brücke nicht überzeugend. Wir brauchen mehr und neue Informationen, welche die Lücken schliessen. Darum soll es gehen.

---

[2]   Grundlagenbuch: Meyer Rolf/Agustoni Helmut: Der Sinn des Lebens! Woher – wohin? Novum-Verlag: Neckenmarkt 2018, ISBN 978-3-99064-202-3

1.3. Nachbiblische Offenbarungen

Gibt es Kundgaben Gottes, die uns nach Abschluss der Bibel erreichten?

Vor allem evangelikale Kreise halten nach dem Grundsatz: «sola scriptura» (allein durch die Schrift) an der Meinung fest, Gott habe seine Offenbarungen mit dem Tod des letzten Apostels abgeschlossen. Dabei deutet bereits Jesus in den folgenden Bibelstellen auf mehr hin:

«Noch vieles habe ich euch zu sagen, aber ihr könnt es jetzt nicht tragen. Joh 16,12

Wenn aber jener kommt, der Geist der Wahrheit, wird er euch in die ganze Wahrheit führen. Denn er wird nicht aus sich selbst heraus reden, sondern er wird sagen, was er hört, und euch verkünden, was kommen wird.» Joh 16,13

Auch wenn sie diese Ankündigung mit Pfingsten erfüllt sehen, anerkennen katholische und orthodoxe Kirchen auch Menschen, welche auf irgendeine Weise Botschaften aus der geistigen Welt empfangen haben. Solches berichtet bereits die Apostelgeschichte aus dem Frühchristentum. So spricht beispielsweise 1 Kor 14,2 von Prophetie und Zungenreden.

Die nachfolgende Liste zeigt eine kleine Auswahl solcher Menschen, welche aktenkundig geworden sind. Es ist davon auszugehen, dass es sehr viel mehr Menschen gewesen sind, welche Botschaften in welcher Form auch immer erhalten haben. Auffallend ist, dass sich die Anzahl in der letzten Zeit massiv vergrössert hat. Dies hat, wie aus Botschaften hervorgeht, mit der Zeit des grossen Wandels zu tun, in welcher wir derzeit stecken und nicht, weil heute einfach mehr bekannt gemacht wird als früher.

Hieronymus	(347-420)
Augustinus	(354-430)
Bernhard von Clairvaux	(1090-1153)
Hildegard von Bingen	(1098-1179)
Joachim von Fiori	(1130-1205, ca.)
Mechtilde von Magdeburg	(1207-1282)
Meister Eckehard	(1260-1327)
Johannes Tauler	(1300-1361)
Thomas von Kempen	(1380-1471)
Teresa von Avila	(1515-1582)
Johannes vom Kreuz	(1542-1591)
Jakob Böhme	(1575-1624)
Emanuel Swedenborg	(1688-1772)
Gerhard Terstegen	(1697-1769)
Anna Katharina Emmerick	(1774-1824)
Jakob Lorber	(1800-1864)
Gottfried Meyerhofer	(1807-1877)
Roque Rojas	(1812-1879)
Johanne Ladner	(1824-1886)
Adelma von Vay	(1840-1925)
Drittes Testament, Mexiko	(1866-1950)
Max Seltmann	(1881-1972)
Johanna van der Meulen	(1874-1959)
Hellene Möller	(1884-1969)
Maria Valtorta	(1897-1961)
Bertha Dudde	(1891-1965)

Hinzu kommen zeitgenössische wie beispielsweise Fratel Cosimo, Victoria Oberlohr, Hans Dienstknecht, Melanie, Juta, Gerda Johst, Paul und Helga Kynast, Manfred Mühlbauer, Diethard Ochmann und viele, viele andere.

Doch Achtung: Nicht alle diese Quellen sind gleichrangig. Auch hier gilt Thes 5,21: *«Prüfet alles, das Gute behaltet!»*

Die absolute Wahrheit hat nur Gott. Stammt eine Botschaft eindeutig von ihm, ist sie darum wahr. Ein Vergleich der verschiedenen Schriften kann auf Wahres schliessen lassen.

1.4. Eine erweiterte Bibelsicht

Wie soll man die Bibel lesen?

Aus Religionsunterricht und Predigten wissen wir, dass die Bibeltexte, will man sie wirklich verstehen, der Interpretation bedürfen.

Origenes, ein Theologe aus der Frühzeit des Christentums, aber auch jenseitige Durchgaben nach Lorber unterscheiden dazu drei Vertiefungsstufen:

Origenes meint, die heiligen Schriften seien wörtlich, moralisch und mystisch aufzufassen.

Jakob Lorber nennt: erstens den naturmässig-geistigen, zweitens den pur geistigen und drittens den rein himmlischen Sinn aus dem Herzen Gottes.

Da uns für die jenseitige Welt das Begriffsvermögen fehlt, sprechen die Bibel, insbesondere auch Jesus, in Bildern, in Gleichnissen. Will man sie in der Tiefe verstehen, brauchen wir zum Übersetzen ein Entsprechungswissen gemäss Origenes, Lorber oder Swedenborg usw. zwei Beispiele:

Dreifaltigkeit

Nach den nachbiblischen Offenbarungen ist die Dreifaltigkeitslehre nach Vater, Sohn und Heiliger Geist im Sinne von drei Personen in einem (1) Gott irreführend. Bei Lorber steht dazu im Buch Die Geistige Sonne 01_051,20:

«Diese (irrige) Dreieinigkeit aber muss in euch völlig untergehen, auf dass ihr die wahre Dreieinigkeit, welche da ist die Liebe, Weisheit und daraus hervorgehende ewige Tatkraft in dem alleinigen Herrn Jesus, erkennet!»

Taufe (Joh 3,5):

«Jesus antwortete: Amen, amen, ich sage dir: Wenn jemand nicht aus Wasser und Geist geboren wird, kann er nicht in das Reich Gottes kommen.»

Diese Formulierung war in der Vergangenheit die Begründung dafür, Ungetaufte, z.B. kurz nach der Geburt verstorbene Kinder, vor der Friedhofsmauer beizusetzen. Sie begründete auch die Auffassung, dass nur Christen, also Getaufte, in den Himmel kommen würden.

Ein tiefer greifendes Verständnis der Bibelworte gibt uns ein völlig anderes Bild:

Nach jenseitigen Durchgaben stehen bei der Taufe das Wasser für die Demut und der (Heilige) Geist für die Kraft zur Tat. Damit bekommt unser Satz spirituell einen völlig anderen Sinn:

Wer nicht tatkräftig zur Demut gelangt, wird nicht ins Himmelreich eingehen!

Im Anfang war das Wort

«Im Anfang war das Wort und das Wort
war bei Gott und Gott war das Wort.»

Joh 1,1

Woher kommen wir?
So hat alles begonnen...

2.1. Die Grundfragen des Lebens

Seit Alters her haben drei Fragen die Menschen bewegt:

1. Woher kommen wir?
2. Warum sind wir hier?
3. Wohin gehen wir?

Die Schulwissenschaft kann sie nicht schlüssig beantworten. Ihre Sicht ist zu sehr auf das «Greifbare» (Materielle) beschränkt ist. Wir müssen sie erweitern!

Antworten finden wir in Offenbarungen und Botschaften aus der übersinnlichen Welt, in den Schöpfungsberichten der Bibel und in den Heiligen Büchern anderer Religionen. Einige sind viele Tausend Jahre alt. Wesentlich verdeutlicht werden diese Berichte durch die Nachbiblischen Offenbarungen, also durch das in den vergangenen 2000 Jahren an uns ergangene Gotteswort.

2.2. Die Entwicklung des Gottesbildes

Wie kann man sich Gott vorstellen?

Schon die ersten Menschen nahmen wahr, dass sie Naturgewalten ausgesetzt waren. Sie sahen darin eine höhere Gewalt, dann wurden diese Gewalten personifiziert, z.B. in Wotan, dem Gott der Germanen.

Die Griechen haben dann den Götterhimmel geschaffen mit sehr menschlichen Zügen.

Ein Schöpfergott, mit welchem auserwählte Menschen auch reden konnten, kam mit Adam und Eva und ihren Nachkommen ins Bewusstsein. Er gab sich im Alten Testament nie wirklich zu erkennen, im Dornbusch beispielsweise nur als Feuer (Licht) oder beim Lehren der Kinder in der Höhe als unscheinbarer Wanderer Abedam oder als Bettler oder als ein Säuseln vor der Höhle usw.

Unverkennbar sichtbar wurde er erst durch seine Inkarnation in Jesus, wo es heisst: *«Ich bin das Licht, die Wahrheit und das Leben. Niemand kommt zum Vater denn durch mich!»* Als: *«ego sum via veritas et vita»* findet man dies sehr oft auf Bildern, die Jesus als den Weltenherrscher zeigen und dort im aufgeschlagenen Buch.

2.3. Die 7 Ureigenschaften Gottes

Was ist Gott für Dich?

In der Regel wird Gott relativ eindimensional dargestellt und darum in seinem Wesen oft unterschätzt. Wenn es beispielsweise heisst, Gott ist die Liebe oder aus Gott ist alles hervorgegangen, darum sei er Energie und habe als solche weder Anfang noch Ende, so ist dies alles zwar richtig, versperrt aber den Blick auf sein ganzes Wesen.

Aus den nachbiblischen Offenbarungen kennen wir von ihm sieben Ureigenschaften. Man nennt sie auch Aspekte oder erkennt in ihnen Urgeister, aus Gott herausgestellte Gedanken, welche alle zusammen Gott selbst sind. Es sind dies:

1. Die Liebe
2. Die Weisheit
3. Die Kraft zur Tat (Allmacht)
4. Die Ordnung
5. Der Ernst
6. Die Geduld
7. Die Barmherzigkeit

Die ersten drei beschreiben Gott als Wesen an sich, die folgenden vier sein Verhalten.

Die ersten drei finden wir auch in der Dreifaltigkeit, hier von der kirchlichen Lehre abweichend nicht als Personen, sondern als Erscheinungsformen. So heisst es bei Jakob Lorber, Gott verkörpere im Vater die Liebe, in Jesus die Weisheit, im Heiligen Geist die Kraft zur Tat, die Allmacht. Andere Interpretationen sehen die Weisheit beim Vater und die Liebe bei Jesus.

Die folgenden vier Aspekte begründen, wie Gott handelt, wie die Schöpfung aufgebaut ist und funktioniert. Die Ordnung stellt sicher, dass sie fehlerfrei geschaffen wird und funktioniert. Wäre dem nicht so, würde ihre Existenz in sich zusammenbrechen, was jeder Physiker bestätigen würde.

Der Ernst meint, Gott schaffe alles sehr gewissenhaft, zum Ausschliessen von Fehlern gründlich durchdacht. Die Geduld stellt sicher, dass alles in Ruhe reifen kann.

Als Gottes Wohnung gilt die Gnadensonne, eine Energieanhäufung (Sonne) unvorstellbaren Ausmasses. Darum konnte sich ihm kein Geschöpf nähern und ihn sehen, bis er sich uns über seine Inkarnation in Jesus Christus nahbar gemacht hatte.

2.4. Die Schöpfung

Wie kam alles zustande?

Vor unvorstellbar langer Zeit, zu Beginn unserer Schöpfungsperiode, wünschte sich Gott, der die Liebe ist, ein Gegenüber. Ohne ein Gegenüber kann keine Kraft wirken, also auch die Liebe nicht. Gottes Gedanken wurden zum Wort: «Es werde!»

Das Wort sind hörbar gemachte Gedanken, Gedanken, welche zur Tat, im Falle Gottes zur Schöpfung drängten. Dazu aus der Bibel:

Joh 1,3   *Alles ist durch das Wort geworden / und ohne das Wort wurde nichts, was geworden ist.*

Das erste Geschöpf war Luzifer (Lichtträger) im Sinne eines weiblichen Gegenpols zu Gott dem Vater auch Satana genannt. Der Begriff weiblich hat nichts mit Sexualität zu tun, sondern mit der empfangenden Wesensart. In der Folge entstanden durch zahllose weitere Schöpfungsakte unzählbar viele engelsgleiche Geistwesen. *Wir gehörten dazu!*

Diese Wesen waren nach Gottes Ebenbild geschaffen und hatten darum die menschliche Form in der Gestalt einer Seele, die den Geist umkleidete. Alle waren aus der Liebe Gottes hervorgegangen und von dieser (selbstlosen, uneigennützigen!) Liebe durch und durch erfüllt. Dadurch waren sie zwar rein, aber noch nicht vollkommen, d.h. im Besitz aller göttlichen Fähigkeiten, die sie sich erst sukzessive aneignen sollten, denn Gott vereinigt in sich nicht nur Liebe, sondern auch Weisheit und Allmacht.

2.5. Der Fall

War das der Urknall?

Über unvorstellbar lange Zeit ging alles gut. Glückseligkeit herrschte, bis Luzifer (Satana), erst zu einem Viertel ausentwickelt, das Gefühl bekam, dass es eigentlich Gott gar nicht bräuchte, dass sie zu allem alleine fähig wäre. Es entstand in ihr der Hochmut, eine gottfremde, ja widergöttliche Eigenschaft. Sie wollte sein wie Gott mit seinen männlichen Eigenschaften. Dadurch änderte sich ihre Polarität aus Satana wurde Satan.[3]

---

3   Da die Bibel stets von Satan im Sinne des Gegenpols zu Gott spricht und nicht von Luzifer, dem gefallenen Lichtträger, übernehmen wir diese Praxis auch im vorliegenden Text für die Zeit nach dem Fall.

Luzifer (Satana) hatte sich blenden lassen, weil Gott den Geschöpfen nie sichtbar gewesen war. Erst vor jetzt 2000 Jahren hat Gott, der Vater, sich uns durch Seine Inkarnation in Jesus Christus nahbar gemacht.

Gott, aus dem alles entstanden war, schöpfte alles aus seiner unendlichen Liebe, seiner Energie. Er war und ist die Liebe und damit auch Energie in unvorstellbarem Ausmass. Mit dem Kern Seines Seins lebt Er in der Gnadensonne, deren Grösse mit menschlichen Vorstellungen nicht fassbar ist. Hätte Er sich Seinen Geschöpfen in dieser unvorstellbaren Form und Energiedichte gezeigt, hätten diese nicht überleben können. Man kann diese Energieballung mit einer Atombombe vergleichen, wobei eine solche, schrecklich zwar, nicht einmal einem Hauch von Gottes Energie entspricht.

So hatte es Luzifer relativ leicht, einen Teil der Geschöpfe durch irreführende Versprechungen zu seiner Gefolgschaft zu machen. Im Hochmut wendete sie sich mit ihrem Gefolge von Gott ab. Es kam zum sogenannten Fall, dem Fall der Engel oder der Geister, wie er auch genannt wird.

Wir waren mit dabei!

Eigenliebe, Hochmut, Selbstsucht sind widergöttliche Eigenschaften. Sie führten zu einer Abkehr von Gott. Dadurch beraubten wir uns selbst der von Gott ausgehenden Lebensströmung. Als gefallene Wesen schwanden unsere Kräfte. Unsere Wesenheit schrumpfte sozusagen ein und unser ganzes Lebensreich verfiel in eine todesartige Erstarrung und Verwesung.

So entstand aus lichten, weitausgebreiteten Ätherwesen der scheinbar leblose «Weltstoff», der Urnebel der Materie. Es war dies für die betroffenen Urgeister eine furchtbare Wandlung, ein schauerliches Gericht. – Aber der göttliche Schöpfer und Wesensbildner verstiess und verliess seine irrenden Geschöpfe nicht. Er schuf uns eine Rückkehrmöglichkeit über die Materie. Aus der Seele Luzifers bildete Er diese mit allen Himmelskörpern, den Galaxien, Sonnen, Planeten, Monden und Kometen. Diese Materie ist somit verdichteter gefallener Geist und darum Satans angehörig. Vielleicht war das der Urknall?

2.6. Körper, Seele, Geist

Oft sagte man, wir (unser Körper) hätten eine Seele und einen Geist. In Tat und Wahrheit müsste es aber heissen: Unser Geist, eingebettet in die Seele, hat für die Zeit des irdischen Lebens einen Körper. Beim Tod trennen sich Seele und Geist vom Körper und gehen mit dem Bewusstsein in einer anderen Seins-Sphäre weiter. Sie leben ewig! Der Körper ist endlich und zerfällt.

Die Seele hat dieselbe Form wie der Körper. Über ihre Ausstrahlung, die Aura, können hellsehende Menschen sie und damit auch ihren Zustand wahrnehmen. Der Geist befindet sich in der Seele im Herzen des Menschen.

Die Seele ist über den sogenannten Nervengeist mit dem Körper verbunden. Sie kann so auch den Körper steuern, krank machen, aber auch heilen. Beim Körperaustritt verlassen Seele und Geist den Körper, mit dem sie über die sog. Silberschnur verbunden bleiben. Beim Sterben lösen sich Geist und Seele ebenfalls vom Körper und wenn die Silberschnur «reisst», ist die Trennung endgültig eingetreten, der Körper tot.

Das Ich des Menschen liegt in Seele und Geist und nicht im Körper, nicht im Gehirn. Dasselbe gilt für das Bewusstsein. Darum kann jemand bei einem Körperaustritt trotz allenfalls erloschener Gehirntätigkeit wie bei Eben Alexander nach wie vor sich und das Umfeld völlig klar wahrnehmen.

Sprechen wir von einem geistig hochstehenden Menschen, meinen wir zwar jemanden mit intellektuell hoher Begabung und ordnen dies dem Gehirn zu, doch hat dies nichts mit dem wirklichen, dem geschaffenen Geist zu tun.

2.7. Der Rückweg

Mit dem Fall und dem Einschluss in die Materie verloren die Geistwesen ihren freien Willen und waren gebunden für Milliarden von Jahren, um eine Grössenordnung zu nennen, doch nicht für immer. In seinem Erbarmen hat es der Schöpfer so eingerichtet, dass alle Himmelskörper sukzessive wieder zerfallen und dadurch das Gebundene für eine stufenweise Höherentwicklung wieder freigeben.

Diese Höherentwicklung kommt dadurch zustande, dass die frei werdenden Geistwesen die beim Fall «pulverisierten» und zerstreuten Seelenpartikel nach und nach wieder anziehen und sie sich dann neu ordnen können. So entstanden zuerst primitive Lebewesen, in der Folge Algen, Moose, Pflanzen, Tiere, Vormenschen, alle noch ohne den freien Willen. Grundlage der äusseren Form war stets die der Stufe entsprechende Form des Seelenkörpers, die der (gefallene) Geist bis dann hatte wiederfinden können.

Unter allen Himmelskörpern kommt unserem Planeten Erde dafür eine besondere Bedeutung zu. Ins Erdinnere hatte Gott das Wesenszentrum Satans gebannt. Für Rückkehrwillige bietet der Planet Erde die letzte Bewährungsprobe, sich mit freiem Willen von Satan wieder loszusagen.

Gott hat den als Seele und Geist urgeschaffenen, rückkehrwilligen Wesen einen Körper gegeben und so den Menschen geschaffen. Als Mann und Frau schuf er sie. Er hatte sie also nicht als Ergebnis der Evolution aus den Vormenschen mit ihrem weitestgehend instinktiven Verhalten hervorgehen lassen, sondern neu geschaffen.

Im biblischen Schöpfungsakt hat Gott den Menschen aus Erde geschaffen, wie es heisst, also aus Materie. Dann geschah das Entscheidende, das den Menschen erst zum Menschen werden liess: Gott hatte ihm seinen Odem, seine Lebensenergie, seinen Gottesfunken, den nicht gefallenen Gottesgeist eingehaucht und damit auch den freien Willen zurückgegeben.

Damit können wir uns wieder frei für Gott, die vollkommene Liebe oder gegen sie und damit erneut für seinen Gegner entscheiden. Da Gott uns für ein ewiges Leben geschaffen hat, ist dieser Entscheid grundlegend!

Damit dieser Entscheid aus völlig freiem Willen erfolgen kann, hat uns Gott die Rückerinnerung an unsere Vergangenheit und den Fall genommen. Diese Erinnerung hätte uns unfrei gemacht und praktisch zur Rückkehr genötigt. Das will Gott nicht.

Für diesen Entscheid lässt es Gott auch zu, dass Satan mit seinen Versuchungen wieder um uns wirbt. Auf dieser Erde sind wir seinen Einflüssen stark ausgesetzt. Ohne die Hilfe der geistigen Welt, kundgetan über Prophezeiungen und andere Kundgaben, wüssten wir um all dies nichts. So aber durften wir das Doppelgebot der Liebe, die zehn Gebote, die Geistigen Gesetze und unzählige Belehrungen bekommen, die uns eine echte Wahl ermöglichen.

Der lustvollere Weg in das Leben nach dem Tod führt über die Genüsse dieser Erde. Rein weltlich orientierte Geniesser missachten die uns gegebenen göttlichen Gebote und Gesetze und riskieren so das Verderben. Sie werden nach unserem Abscheiden von dieser Erde zwar ewig weiterleben, doch nicht im Lichte und nicht von der Herrlichkeit Gottes umgeben sein.

Der Weg zurück in die Vollkommenheit, in die Herrlichkeit Gottes ist beschwerlicher, aber allein zielführend. Er verlangt ein Leben nach dem Doppelgebot der Liebe, ein Leben in Demut, Gottverbundenheit und im Vertrauen auf Ihn.

2.8. Die Erlösung

Was bedeutet Erlösung?

Vor 2000 Jahren hat sich Gott in Jesus Christus inkarniert und sich uns so nahbar gemacht. Wir entscheiden also nicht mehr für oder gegen einen unsichtbaren Gott, sondern zwischen einem in Jesus sichtbar gewordenen Vater und seinem Gegenspieler. Zudem hat Jesus, der mit dem Vater eins ist, uns allen die Himmel und damit den Zugang zur ewigen Seligkeit wieder geöffnet.

2.9. Der Entscheid

Ein Entscheid? Sind wir uns dessen Tragweite bewusst?

Wir wurden vor unvorstellbar langer Zeit engelsgleich geschaffen, sind vor Milliarden von Jahren gefallen und haben uns im Verlauf von 13.6 Milliarden Jahren wieder höher entwickelt über einfachste Urlebewesen, Moose, Pflanzen, Tiere, Vormenschen bis unsere Seele reif war, als Mensch mit freiem Willen zu inkarnieren.

Wie wollen wir die verglichen mit den 13.6 Milliarden vergangenen Jahren lächerlich kurze Lebenszeit von vielleicht 85 Jahren nutzen, um uns für oder gegen unseren Schöpfer zu entscheiden? Wir sind frei!

Dem Sinn des Lebens würde es entsprechen, sich für die Rückkehr zu Gott und damit zur Vollkommenheit zu entscheiden, zur Rückkehr ins **Vaterhaus**, wie es in der Bibel bei Lukas 15,11-32 im **Gleichnis vom verlorenen Sohn** heisst, zur Rückkehr in die verlorene Glückseligkeit:

«Weiter sagte Jesus: Ein Mann hatte zwei Söhne. [12] Der jüngere von ihnen sagte zu seinem Vater: Vater, gib mir das Erbteil, das mir zusteht! Da teilte der Vater das Vermögen unter sie auf. [13] Nach wenigen Tagen packte der jüngere Sohn alles zusammen und zog in ein fernes Land. Dort führte er ein zügelloses Leben und verschleuderte sein Vermögen. [14] Als er alles durchgebracht hatte, kam eine grosse Hungersnot über jenes Land und er begann Not zu leiden.

[15] Da ging er zu einem Bürger des Landes und drängte sich ihm auf; der schickte ihn aufs Feld zum Schweinehüten. [16] Er hätte gern seinen Hunger mit den Futterschoten gestillt, die die Schweine frassen; aber niemand gab ihm davon. [17] Da ging

er in sich und sagte: Wie viele Tagelöhner meines Vaters haben Brot im Überfluss, ich aber komme hier vor Hunger um. [18] Ich will aufbrechen und zu meinem Vater gehen und zu ihm sagen: Vater, ich habe mich gegen den Himmel und gegen dich versündigt. [19] Ich bin nicht mehr wert, dein Sohn zu sein; mach mich zu einem deiner Tagelöhner!

[20] Dann brach er auf und ging zu seinem Vater. Der Vater sah ihn schon von Weitem kommen und er hatte Mitleid mit ihm. Er lief dem Sohn entgegen, fiel ihm um den Hals und küsste ihn. [21] Da sagte der Sohn zu ihm: Vater, ich habe mich gegen den Himmel und gegen dich versündigt; ich bin nicht mehr wert, dein Sohn zu sein. [22] Der Vater aber sagte zu seinen Knechten: Holt schnell das beste Gewand und zieht es ihm an, steckt einen Ring an seine Hand und gebt ihm Sandalen an die Füsse! [23] Bringt das Mastkalb her und schlachtet es; wir wollen essen und fröhlich sein. [24] Denn dieser, mein Sohn, war tot und lebt wieder; er war verloren und ist wiedergefunden worden. Und sie begannen, ein Fest zu feiern.

[25] Sein älterer Sohn aber war auf dem Feld. Als er heimging und in die Nähe des Hauses kam, hörte er Musik und Tanz. [26] Da rief er einen der Knechte und fragte, was das bedeuten solle. [27] Der Knecht antwortete ihm: Dein Bruder ist gekommen und dein Vater hat das Mastkalb schlachten lassen, weil er ihn gesund wiederbekommen hat. [28] Da wurde er zornig und wollte nicht hineingehen. Sein Vater aber kam heraus und redete ihm gut zu. [29] Doch er erwiderte seinem Vater: Siehe, so viele Jahre schon diene ich dir und nie habe ich dein Gebot übertreten; mir aber hast du nie einen Ziegenbock geschenkt, damit ich mit meinen Freunden ein Fest feiern konnte. [30] Kaum

aber ist der hier gekommen, dein Sohn, der dein Vermögen mit Dirnen durchgebracht hat, da hast du für ihn das Mastkalb geschlachtet. [31] Der Vater antwortete ihm: Mein Kind, du bist immer bei mir und alles, was mein ist, ist auch dein. [32] Aber man muss doch ein Fest feiern und sich freuen; denn dieser, dein Bruder, war tot und lebt wieder; er war verloren und ist wiedergefunden worden.»

Adam und Eva

«Dann sprach Gott:
Lasst uns Menschen machen
als unser Bild, uns ähnlich!»

«Gott erschuf den Menschen als sein Bild,
als Bild Gottes erschuf er ihn.
Männlich und weiblich erschuf er sie.»

1. Mose 26 und 27

Mit Adam und Eva ging es weiter...

3.1. Wie wurden wir zum Menschen?

Die Frage, wie der Mensch überhaupt entstanden ist, wird seit Jahrhunderten sehr kontrovers diskutiert, zunächst einmal hinsichtlich Geist und Seele. Zusammenfassend und vereinfachend unterscheiden wir dazu drei Hauptrichtungen:

1. Präexistenzlehre beispielsweise nach Origenes: Gott habe alle Seelen zu Beginn der Schöpfung geschaffen. Damit seien Seele und Geist präexistent. Diese Lehre wurde am zweiten Konzil von Konstantinopel 553 verworfen.
2. Die Seele werde durch die Eltern über die Zeugung vermittelt.
3. Die Seele werde durch Gott im Moment der Zeugung geschaffen.

Dies sagt allerdings noch nichts über den Menschen aus, bestehend aus Geist, Seele und Körper. Wie entstand denn der Körper?

Auch dazu gibt es zwei gegensätzliche Theorien, die naturwissenschaftliche geht konform mit Darwin von der evolutionären Entwicklung über Tiere, Vormenschen aus, die Religiöse von einer Schöpfung.

Aus den zahlreichen nachbiblischen Offenbarungen ergibt sich ein differenzierteres Bild. Man kann es nur in Verbindung mit der Schöpfungsgeschichte ganzheitlich verstehen.

Aus der Schöpfungsgeschichte wissen wir, dass Gott zuerst den Geist und als dessen Umhüllung auch die Seele geschaffen hat. Wir waren dabei, engelsgleich, doch noch nicht Mensch!

Dann sind wir gefallen und in der Materie erstarrt. Gott hat sich unser erbarmt und einen Rückweg über das Pflanzen-

und Tierreich geöffnet. Dazu hat der (gefallene) Geist immer mehr der verloren gegangenen Seelenteilchen wieder angezogen, bis sie einen Entwicklungsstand erreicht hatten, welcher ihnen eine Inkarnation in einem Menschen ermöglichte.

Mit einer solchen Inkarnation wurde ihnen der beim Fall verlorengegangene freie Wille für eine letzte Prüfung wieder geschenkt. Doch wie muss man sich diese Inkarnation, diese Fleischwerdung vorstellen?

Gen 1,26 *Dann sprach Gott: Lasst uns Menschen machen als unser Bild, uns ähnlich!*

Gen 2,7 *Da formte Gott, der Herr, den Menschen, Staub vom Erdboden, und blies in seine Nase den Lebensatem. So wurde der Mensch zu einem lebendigen Wesen.*

Gen 2,15 *Gott, der Herr, nahm den Menschen und gab ihm seinen Wohnsitz im Garten von Eden, damit er ihn bearbeite und hüte.*

Mit anderen Worten: Gott hat den Menschen als Gefäss für reife Seelen erschaffen. Vorher hatte es ihn so nicht gegeben. Er ist kein Nachfahre von Affenartigen oder Vormenschen!

Nur der Mensch hat den freien Willen und muss sich im Kampf zwischen Gut und Böse, zwischen Licht und Dunkelheit, zwischen Liebe und Hass für den weiteren Aufstieg bewähren.

Gott hat uns damit eine neue Gelegenheit gegeben, uns für ihn, sichtbar geworden durch Jesus Christus, zu entscheiden oder erneut für Satan, seinen Gegenspieler und Fürsten der Dunkelheit.

3.2. Wer waren Adam und Eva?

Nach der Schöpfungsgeschichte hat Gott Adam und Eva als Ur-Eltern für die Menschheit geschaffen. Als Mann und Frau schuf er sie, gemäss Gen 2,22 Eva aus Adam. Es ist dies die sonderbar anmutende Geschichte mit der Rippe. Bei Jakob Lorber findet man sie auf dem geistigen Hintergrund erklärt (Jakob Lorber, Haushaltung Gottes 1,40,29).

Eine für den heutigen Menschen einfacher verständliche Erklärung ergibt sich aus der Dual- oder Zwillingsseelen-Theorie[4]. Danach kann sich eine Seele zur Inkarnation angeblich teilen und gleichzeitig in zwei verschiedene Körper inkarnieren. Dies könnte eine vereinfachte Erklärung dafür sein, warum Eva aus Adam entstanden ist, nämlich aus derselben Seele.

Nach einer Darstellung bei Fratello: «Jesus, Was sagen die Menschen wer ich sei ...» befanden sich Adam und Eva im Paradies, einem durch Gott in der Fallwelt geschützten Bereich. Da sie den freien Willen hatten, gelang es Satan, sie auch im Paradies zu verführen. Dies führte zum **zweiten Fall**. Adam und Eva wurden aus dem Paradies verwiesen und gerieten ausserhalb in den Herrschaftsbereich Satans.

Sie hatten ihre ursprüngliche Bestimmung verpasst, für die gefallenen Engel als sündenfreie Ur-Eltern im Paradies zu dienen. Daraus erklärt sich die Geschichte mit der Erbsünde.

---

[4]   Diese Theorie finden wir in der Literatur und bei Therapeuten, beispielsweise bei Dr. Michael Treina. In nachbiblischen Offenbarungen ist sie uns (bisher?) nicht begegnet. Sie erscheint uns aber denkbar.

3.3. Die Erbsünde aus dem Fall von Adam und Eva

Eine Sünde erben und weiter vererben?

Die aus der Bibel bekannte Geschichte mit dem Apfel hat einen spirituellen Hintergrund. Gott hat nie etwas Fertiges geschaffen, immer etwas, das sich entwickeln muss. Vor dem Hintergrund der im nächsten Kapitel beschriebenen **Seelenentwicklungslehre** ist dies verständlich. Nach ihr ermöglicht uns Gott die Rückkehr ins Vaterhaus, in die Vollkommenheit, in die allumfassende Liebe und damit die Glückseligkeit.

Wir müssen uns zuerst entfalten! Auch der grösste Baum entsteht aus dem kleinen Samen.

So mussten auch Adam und Eva sich zuerst entwickeln. Auf diesem Weg hatte Gott ihnen (vorerst!) verboten, vom Baum des Lebens zu essen. In die Moderne übertragen heisst dies, vor der körperlichen und seelischen Reife Sex zu haben (vgl. Bertha Duddc 5967).

Wie dies schon beim Fall durch die noch unreife Satana der Fall gewesen war, missachteten auch Adam und Eva vor der erreichten Reife die Vorgaben Gottes.

Nach Botschaften bei Fratello hätten sie stellvertretend für alle gefallenen Engel die Aufgabe gehabt, durch absoluten Gehorsam Gott gegenüber, den ersten Fall in einen Rückführungsprozess umzuleiten.

Sie hatten versagt und damit verunmöglicht, dass sich ein geistiges Gen des Gehorsams hätte weiter vererben können. Stattdessen vererben wir als satanisches Gen die Auflehnung gegen Gott und alles Gute und Wahre, einen Geist des Ungehorsams gegen jede Beschränkung, **die Erbsünde.**

Oft wird die Erbsünde auch dem ersten Fall zugeordnet, der Urschuld. Dies kann man so sehen, auch wenn es der Logik entbehrt: Aus dem ersten Fall resultierte noch keine Inkarnation und damit keine Vererbung.

3.4. Reinkarnation

Worum geht es, worum nicht?

Reinkarnation (von re + carnis, lat. *Fleisch*) *ist die Theorie vom Wieder-ins-Fleisch-Kommen, der Wiedereinfleischung des Ichs in menschlich irdischen Leibern zu verschiedenen Zeiten; jene «Auferstehung» nicht des Fleisches, sondern im Fleische. Diese Theorie lehrt unser vorgeburtliches Dasein und wiederholte Erdenleben in der Regel unter selbstverursachten Bedingungen.*

Der Begriff **Seelenwanderung** *(Metempsychose) hingegen umfasst auch den Glauben an den möglichen Übergang des Ichs nach dem Tod in einen Tierkörper. Diese vor allem asiatische Theorie wird durch die Offenbarungen abgelehnt!*

Die **Seelenentwicklungslehre** *nimmt eine ursprüngliche Entwicklung unserer Körperseele (nicht des Geistes) über alle Naturreiche an, beginnend bei der Mineral- über die Pflanzen- und Tierwelt bis hin zum Menschen. Auf dessen Stufe ist die Seele reif geworden zur Aufnahme des «Gottesfunkens», nämlich einer geistbegabten und selbstverantwortlichen Individualität.*

Geistige Wiedergeburt

Bei allen drei Varianten jedoch handelt es sich um Einkörperungen auf der materiellen Seinsebene, im Gegensatz zur **«Geistigen Wiedergeburt»**, bei welcher es um eine Vollendung des Menschen geht, also quasi um einen neuen Menschen von innen heraus, somit nicht um Reinkarnation!

Sie heisst so, weil wir vor dem Fall geistig waren und nach Überwinden der Satanischen Versuchungen wieder zur Geistigkeit zurückkehren können. So gesehen entspricht die Reifezeit im Kampf gegen die Versuchungen Satans einer «Schwangerschaft», die Loslösung daraus der Geburt.

Bibelauslegungen zur Reinkarnation

Man kann das Thema Reinkarnation verschieden angehen.

Am raschesten geht es, indem man es mit einem einzigen Satz als endgültig erledigt betrachtet, mit dem Verweis nämlich auf Hebr 9,27:

«Und wie es dem Menschen bestimmt ist, einmal zu sterben und darauf gerichtet zu werden,»

Daraus entsteht die Schlussfolgerung «**Einmal** Sterben – also nur einmal leben...» - Punkt.

Zusammengefasst hiesse dies: Reinkarnation ist Unsinn und unchristlich.

Prof. Blank meint in seinem Buch «Auferstehung oder Reinkarnation?»:

«Wer mit Bibelstellen die Wiedergeburts-Lehre beweisen will, interpretiert die Bibel falsch. Er versteht die Bedeutung bestimmter Textstellen nicht oder reisst jene Stellen aus dem Zusammenhang heraus.»

Sieht man sich aber in der Literatur weiter um, kommen dazu Zweifel auf...

Nach Jan Erik Sigdell, dem Verfasser des kritischen Buches «Reinkarnation. Christentum und das kirchliche Dogma» sei es nicht ganz so einfach, falls man die griechischen Texte als Grundlage nehme und die gängige Art der Übersetzung hinterfrage.

Nachbiblische Offenbarungen

Bei **Bertha Dudde** (No. 8180) sagt Jesus:

«Es ist diese Vorstellung von Seiten Meines Gegners eines seiner beliebtesten Mittel, und darum hat auch die Lehre der Wiederverkörperung viel Anklang gefunden, und sie ist schwer auszurotten, weil Mein Gegner sehr geschickt arbeitet, um die Glaubwürdigkeit dieser Lehre zu bekräftigen.»

Bei **Jakob Lorber** wird die Regel-Reinkarnation verneint. Ausnahmsweise sei eine wiederholte *Einfleischung irdischer Menschen* aber möglich. Im Grossen Evangelium Johannes werden drei solche Fälle beschrieben. Sie dienen der weiteren Reifung der betreffenden Seele.

Die *Einfleischung eines Engelsgeistes* habe einen anderen Zweck: Die Erfüllung einer besonderen Sendung. So habe sich in Johannes dem Täufer der Urgeist Michael inkarniert.

Lorber geht davon aus, dass seine Durchsagen von Jesus stammen.

Adelma von Vay [5] geht von einer (relativen) Normal-Reinkarnation aus. Der hohe Geist, welcher sich durch sie meldete, nannte sich Augustus, doch sehr betont bezogen auf Jesus. Gemäss dessen Botschaften unterteilt sich der Raum zwischen Erde und Sonne in acht atmosphärische Ringe zu je 7 Sphären.

Der erste Ring, eigentlich Hohlkugel, umgreift die Erde und ist damit in nächster Nähe zum Zentrum der Erde und damit in der direkten Einflusszone Satans. Der nächste Ring ist bereits weiter entfern und so nimmt der Einfluss Satans immer mehr ab. Augustus' Aussage ist nun, dass Menschen, die bei

---

[5]   Da die Durchgaben von einem hohen Geist stammen, werden sie von etlichen Geistfreunden als eher esoterisch und nicht als göttliche Offenbarungen verstanden. Das Modell wird darum illustrativ und als solches als nützlich betrachtet.

ihrem Versterben in einem der drei erdnächsten Ringe «landen», wieder inkarnieren müssen, um weiter aufsteigen zu können. Weiter oben könne man reinkarnieren, um beispielsweise eine Mission zu erfüllen.

Dieses Modell ist auch deshalb interessant, weil es verstehen lassen kann, was «Auffahren» heisst, nämlich, sich aus der Einflusssphäre Satans zu befreien und immer näher zum Licht, zu Gott, zu gelangen. Von jedem Punkt der Erde aus geht dies, bildlich gesprochen, senkrecht nach oben, denn Gott ist überall.

Rückerinnerungen

Im Zusammenhang mit der Frage, ob es Reinkarnation gibt, sind wir nicht nur auf Spekulationen angewiesen. Die Reinkarnationsforschung hat zahlreiche Fälle von Rückerinnerungen an Vorleben dokumentiert, welche sich bei der Nachprüfung als zutreffend erwiesen haben.

Viele dieser Berichte stammen aus Rückführungstherapien. Sie versuchen, die Hintergründe seelischer und körperlicher Probleme zu ermitteln, um diese Ursachen aufzulösen. Sowohl Patienten als auch Therapeuten sind sehr daran interessiert, ob das, was sie beispielsweise in Hypnose oder anderen Techniken berichtet haben, überhaupt stimmen kann. Die Ergebnisse sind beeindruckend.

Besonders erstaunlich sind auch die Berichte von Kindern, welche sich an ihr vorangegangenes Leben erinnern und genau Auskunft geben können, beispielsweise über einen Flugzeugabsturz, bei welchem das Kind damals als Pilot ums Leben gekommen war.

Fragen über Fragen...

Nach dem geistigen Gesetz von Ursache und Wirkung muss es beispielsweise einen Grund dafür geben, in welchem Umfeld wir geboren werden. Gott würfelt nicht und schickt die einen nach Afrika, andere in betuchte Familien. Er stattet nicht die einen mit besonderen Talenten aus, andere kommen mit einer Behinderung zur Welt.

Gewiss gibt es dazu Erklärungen, welche von der Reinkarnationstheorie abweichen, auch für und wider in den Offenbarungen, je nachdem, wie man sie interpretiert.

Die Frage ist, was stimmt?

Im Gegensatz zum Buch, in welchem wir auf diese Fragen im Detail eingegangen sind, lassen wir es hier mit der Methode von Alexander dem Grossen zum Lösen des Gordischen Knotens bewenden. Was hat er gemacht? Er hat das Schwert genommen und den Knoten zerschlagen. Er war nicht mehr existent. Lassen wir das ganze Für und Wider einfach stehen und fragen uns nach dem Nutzen, den wir daraus ziehen können.

Folgerungen

Falls es eine Reinkarnation gibt, wofür vieles spricht, ist sie als Gnade Gottes für unsere Rückkehr ins Vaterhaus zu sehen und nicht zum unnötigen Verspielen wertvoller Lebenszeit.

Wertvolle Lebenszeit verspielen wir, wenn wir uns ungehemmt den Versuchungen dieser Welt hingeben, in Saus und Braus leben und uns nicht um Gott und unsere Rückkehr ins Vaterhaus kümmern.

Dies gilt für jede Inkarnation, ob es nur eine Einzige oder wiederholte gibt.

Die dümmste Haltung, die wir einnehmen können, ist: Wir wollen jetzt mal so richtig leben. Man weiss ja ohnehin nicht, ob es dann wirklich weitergeht. Falls nötig, können wir uns in einer nächsten Inkarnation immer noch verbessern.

Eine Lehre, welche die Reinkarnation ablehnt, könnte dem entgegensteuern. Ein Streit für oder dagegen bringt uns nicht weiter.

Ein neues Gebot

«Ein neues Gebot gebe ich euch: Liebt
einander, wie ich euch geliebt habe,
so sollt auch ihr einander lieben.»

Joh 13,34

Jesus, wer er war, ist und warum er kam

4.1 Als Messias angekündigt

Seit dem ersten Propheten Jesaja (ca. 740 v. Chr.) spricht die Prophezeiung mit der Erwartung eines künftigen Messias über den Plan Gottes, ein Reich der Einheit und der Freiheit herbeizuführen. Viele Stellen im Alten Testament bestätigen diese Erwartung.

Der Begriff Messias bedeutet «Gesalbten». So wird in der Bibel der von Gott eingesetzte König der Israeliten bezeichnet, der ihnen als Erlöser verheissen wurde. Ins Griechische übersetzt heisst Messias Christós, lateinisch Christus.

Zur Zeit Jesu waren die Römer Besatzungsmacht im vorderen Orient, insbesondere in der Levante, wozu auch Israel gehört. Die Israeliten erwarteten einen weltlichen Machthaber, welcher sie aus fremder Herrschaft befreien und dadurch erlösen sollte.

Gott sah die Erlösung aber anders, viel grösser!

4.2 Die Erlösung aus Gottes Sicht

Du fragst Dich: Erlösung? Was ist damit gemeint?

Um das Jahr null unserer Zeitrechnung befand sich das auserwählte Volk der Israeliten in seiner Beziehung zu ihrem Gott und Schöpfer auf einem Tiefststand.

Das Glaubensleben war zur blossen Gesetzeserfüllung verkommen und die Zeremonien auf leere Formen reduziert. Die Priesterschaft verfolgte eigene Interessen, bei welchen es meist um Geld, Macht und Ansehen gegangen war. Gott hatte sich längst aus dem Allerheiligsten des Tempels zurückgezogen.

Mit anderen Worten, sein auserwähltes Volk, welches hätte Sauerteig sein sollen, hatte sich in Wirklichkeit von Gott losgesagt und sich Luzifers Versuchungen hingegeben. Diese

Versuchungen bezweckten wie auch heute noch, die Menschen an der Rückkehr ins Vaterhaus zu hindern. Satan braucht sie als Energielieferanten für seine Aktivitäten.

Die erbarmende Liebe Gottes konnte dies nicht mehr länger zulassen. Die Menschheit musste vor ihrem geistigen Tod bewahrt und aus der Haft von Satan befreit werden. Dies war nur auf der geistigen Ebene möglich. Eine Erlösung musste dort ansetzen, weltlich konnte sie niemals nachhaltig wirken.

Nach dem Plan Gottes sollte diese Erlösung über zwei Wege geschehen, einerseits über eine Wiederbelebung des Glaubenslebens und andererseits, durch ein Öffnen der seit dem Fall verschlossen gebliebenen himmlischen Bereiche.

Wer an Gott glaubt, folgt Satan nicht mehr ohne Weiteres nach. Er bleibt aber zeit seines Lebens seinen Versuchungen ausgesetzt und kann wieder fallen. Wer aber nach seinem Tod in himmlische Bereiche aufsteigen kann, bleibt dem Zugriff Satans entzogen.

Der Messias müsste dies erreichen und keine weltliche Herrschaft errichten.

4.3   In Jesus hat sich Gott, der Vater, selbst inkarniert!

Die Aufgabe, die der Messias zu erfüllen hatte, überstieg die Möglichkeiten eines gewöhnlichen Menschen. Es ging ja um nicht weniger, als Satan zu besiegen und in die Schranken zu weisen.

Bei der grossen, ja alles entscheidenden Tragweite seines Wirkens entschied sich Gott, unser aller Schöpfer und Vater, dazu, selbst Fleisch anzunehmen und alles, was es zur Erlösung brauchte, selbst auf sich zu nehmen. Und dies war mehr, als sich unser begrenzter menschlicher Verstand vorstellen kann!

Jesus inkarnierte nicht mit einer gefallenen, sondern einer göttlichen Seele. Umstritten ist, ob er auch Seelenbestandteile seiner Mutter Maria aufgenommen hatte, welche aus der Erbsünde ihrer Vorfahren stammten oder ob Maria auch davon frei gewesen war.

Als gesichert gelten kann, dass Jesus sein Menschsein nicht nur vorspielte, sondern auch vollkommen authentisch als Mensch durchlebte. Satan konnte ihn ungehindert versuchen, und gemäss Bibel hat er dies hemmungslos auch besonders heftig gemacht.

Doch auch im Falle Jesus gilt, dass Gott alles, was er schafft, zum Reifen auf den Weg schickt. So auch Jesus. Die ersten 30 Jahre lebte Er unauffällig als Kind, als Jugendlicher und als Zimmermann. Einzig die drei Tage im Tempel des damals Zwölfjährigen gelten als für die Bibel bemerkenswert. In der «Jugend Jesu» von Jakob Lorber werden noch viele andere besondere Gegebenheiten berichtet. Sie sollen hier ohne Vertiefung erwähnt bleiben.

Erst im Alter von etwa 30 Jahren, nach der Taufe im Jordan und seinem vierzigtägigen Aufenthalt in der Wüste, fand die vollständige Vereinigung des Vaters in Ihm mit Ihm statt. Es war dies der Prozess der vollkommenen geistigen Wiedergeburt vom Menschensohn in den Gottessohn. Dann begannen Seine Lehr- und Wanderjahre, welche irdisch gesehen mit dem Kreuzestod enden sollten.

4.4   Jesu geistige Wiedergeburt

Was ist mit der geistigen Wiedergeburt von Jesus gemeint?

Das Geistbewusstsein Jesu hatte im Himmel schon vor seiner Inkarnation auf der Erde in Gott existiert und alle Freiheiten gehabt. Mit seiner Inkarnation wurden diese wie bei jedem Menschen beschnitten. Nachdem Er sich von jeglicher Sünde enthalten hatte, konnte Er die vollkommene Freiheit des Himmels wieder erringen. Er konnte also wieder bekommen, was er schon einmal gehabt hatte, darum Wiedergeburt.

Anmerkung: Die geistige Wiedergeburt hat nichts mit Reinkarnation, der Wieder-Einfleischung zu tun. Die Einfleischung basiert auf einer Zeugung, der Geist auf der Schöpfung.

Die Erlösung

«Ich bin das Licht, die Wahrheit und das Leben. Niemand kommt zum Vater denn durch mich.»

Joh 14,6

Jesu Leiden, Sterben und Auferstehen

5.1. Warum musste Jesus leiden?

Gott hatte sich in Jesus zur Unterwerfung der Hölle inkarniert!

Offenbar läuft die Menschheitsgeschichte rhythmisch in Perioden von rund 2000 Jahren ab, (auch platonische Monate genannt). 2000 Jahre nach Adam und Eva kam die Sintflut. Warum? Weil ein Grossteil der Menschen sich von Gott abgewandt hatte. Jene ertranken.

2000 Jahre später war der Glaube im auserwählen Volk wieder auf einem Tiefststand angelangt, dem Gott Einhalt gebieten wollte, um seinen Weltenplan nicht zu gefährden. Er inkarnierte in Jesus, diesmal nicht, um die Fehlgläubigen zu töten, sondern um ihnen über das Doppelgebot der Liebe eine neue, sie weiter führende Lehre zu bringen und **um sie von der Last der gesamten Sündenschuld zu befreien**. Letzteres liegt als Sinn hinter Jesu Leiden.

Dazu kam die **Erlösung** als Frucht dieses Leidens. Diese bestand im Wiederöffnen der himmlischen Bereiche für gefallene Geister, welche sich wieder von den Dunkelmächten lösen wollten. Dies war eine Massnahme, den Herrschaftsbereich Satans zu verkleinern. Wer aufsteigt, kann sich von ihm befreien.

Ganz ungeschoren kamen die fehlgläubigen Israeliten trotzdem nicht davon. Sie wurden durch die Zerstörung Jerusalems im Jahre 70 n. Chr. in alle Welt zerstreut.

5.2. Sein Leidensweg

Der Leidensweg Jesu ist in der Bibel und in den nachbiblischen Offenbarungen, beispielsweise bei Anna Katharina Emmerich oder Maria Valtorta so ausführlich beschrieben, dass hier Stichworte genügen.

Zwar empfinden wir Jesu Leidensgeschichte in der jährlichen Karwoche. Sie beginnt mit dem Palmsonntag, dem bejubelten Einzug Jesu in Jerusalem und endet mit der Auferstehung in der Nacht zum Ostersonntag.

In Wirklichkeit begann sie weit früher, als dem Menschen Jesus sein Auftrag nach und nach bewusst geworden war. Extrem bewusst war er Ihm nach dem letzten Abendmahl geworden, das er mit seinen Jüngern gefeiert hatte. Zusammen mit Petrus und den zwei Söhnen des Zebedäus begab Er sich zum Gebet ins Innere des Gartens Gethsemane. Dort war Er der Verzweiflung nahe:

Mt 26,39 *Und er ging ein Stück weiter, warf sich auf sein Gesicht und betete: Mein Vater, wenn es möglich ist, gehe dieser Kelch an mir vorüber. Aber nicht wie ich will, sondern wie du willst.*

Und Jesus hat Ja gesagt. Wenig später wird er durch Judas Iskariot verraten und durch Tempeldiener gefangen genommen. Er wurde misshandelt, zu sechs Verhören geschleppt, gegeisselt, mit Dornen gekrönt, durch Pilatus zum Tod am Kreuze verurteilt und auf Golgota hingerichtet.

Warum hat Judas dies getan? Er hatte die Macht Jesu bestens gekannt und gehofft, Er werde sie als Messias, als Befreier, spätestens dann zeigen, wenn man Ihm Gewalt antun möchte. Judas hatte nicht verstanden, dass das Reich von Jesus nicht von dieser Welt war und die Erlösung darum geistig, dafür aber wirksam bis in alle Ewigkeiten erfolgen sollte.

Nicht erkannt hatte er auch, dass es keinem Menschen je möglich sein wird, ein Volk für alle Ewigkeiten von einer fremden Herrschaft zu befreien. Irdisch ist alles zeitlich begrenzt.

5.3. Die sieben Worte am Kreuz

Von besonderer Bedeutung sind die in der Bibel dokumentierten sieben letzten Worte, die Jesus vor seinem Tod am Kreuz gesprochen hat:

1. *«Vater, vergib ihnen, denn sie wissen nicht, was sie tun.»* (Lk 23,34)

2. *«Amen, ich sage dir: Heute noch wirst du mit mir im Paradies sein.»* (Lk 23,43)

3. *«Frau, siehe, dein Sohn!» und: «Siehe, deine Mutter!»* (Joh 19,26–27)

4. *«Mein Gott, mein Gott, warum hast du mich verlassen?»* (Mk 15,34; Mt 27,46; Psalm Mt 22,2)

5. *«Mich dürstet.»* (Joh 19,28)

6. *«Es ist vollbracht.»* (Joh 19,30)

7. *«Vater, in deine Hände lege ich meinen Geist.»* (Lk 23,46; Psalm 31,6)

Hinweis zu Nr. 4: Der Geist des Vaters war in Jesus als seinem (irdischen) Sohn enthalten. Jesus musste aber das Erlösungswerk als «normaler» Mensch vollbringen. Darum zog sich Gott in der letzten Phase aus ihm zurück. Man hätte sonst argumentieren können, mit Gottes allmächtiger Hilfe sei dies keine besondere Tat gewesen.

5.4. Gesiegt oder gescheitert?

Irdisch gesehen ist Jesus gescheitert. Ganzheitlich betrachtet ist er der grosse Sieger geworden. Er hat Satan besiegt, ihn gezwungen, die Aufstiegswilligen loszulassen. Jesus hat diese durch die Öffnung der Himmelsbereiche seinem Zugriff entzogen. Damit sind wir erlöst, wenn wir dies wollen!

5.5. Ist Jesus wirklich auferstanden?

Ja!

Zweifeln daran kann man nur, wenn man den zahlreichen Zeugnissen der Bibel, den nachbiblischen Offenbarungen und den Jesusbegegnungen nicht glauben will.

Zweifel hatte von Anfang an auch der Tempel gestreut. Gegen Bezahlung wurde die Aussage verbreitet, Jesus hätte sich aus dem Grab befreit und in Sicherheit gebracht, z. B. nach Indien.

Es gab auch die Version, die Jünger hätten seinen Leib geraubt und in Sicherheit gebracht. Sogar heute noch findet man «Durchgaben», man werde seine Gebeine noch finden.

Solche Geschichten verfolgen den Zweck, das Erlösungswerk Jesu als unglaubwürdig darzustellen. Dienen kann dies nur Satan, dem Gegenspieler Gottes.

Zur Befreiungsgeschichte mit einem Weiterleben in Indien folgende Fragen:

Ist es denkbar, dass ein Mensch sich selbst aus dem Grab befreien konnte, nachdem er am selben Tag nach seiner Gefangennahme die brutale Verschleppung zu Kaiphas, darauf 6 Prozesse zu erdulden hatte (vor Kaiphas, vor Annas, vor Kaiphas, Pilatus, Herodes, Pilatus), dann eine Geisselung, die Dornenkrone, den Gang nach Golgotha, die Kreuzigung, …, die Kreuzabnahme, die Einbalsamierung mit kiloweiser klebriger Masse, eingehüllt in Tücher, in einem mit einem grossen Stein verschlossenen Grab?

Davor standen Wachen. Waren sie Römische, galten sie als unbestechlich. Waren es Tempeldiener könnten sie bestechlich gewesen sein. Dass es Römische gewesen waren, gilt nach der Quellenlage jedoch als gesichert, da sich der Tempel selbst heraushalten wollte. Noch Zweifel?

Die Früchte werden göttlich sein

«Der Keim des Göttlichen ist in uns. Wenn der Bauer gescheit und fleissig ist, wird der Keim gedeihen und zu Gott emporwachsen, aus dem er entspringt, und seine Früchte werden göttlich sein.»

Meister Eckhart

Warum sind wir hier?

6.1. Sinn und Zweck unseres Lebens

Sinn und Zweck unseres Lebens ergeben sich aus zwei Betrachtungsrichtungen. Ist mit dem Leben die jetzige Inkarnation gemeint, wie dies die meisten Menschen tun, wenn man sie fragt, so bestehen Sinn und Zweck im Erfüllen des Lebensplanes, den wir zur Inkarnation mitgebracht haben. Ein Arzt könnte ihn beispielsweise darin sehen, Menschen zu helfen, gesund zu werden oder zu bleiben. Dafür gibt es keine allgemeine Regel. Jeder Mensch hat seinen Weg mitgebracht.

Verstehen wir aber unter dem Leben die ganze Existenz, ist das Ergebnis ein anderes. Unser Leben begann durch die Schöpfung vor Milliarden von Jahren. Es führt über den Tod des physischen Leibes hinaus in die Ewigkeit. Aus dieser Sicht wird die Antwort für alle Menschen dieselbe sein können: Wir sind durch den Missbrauch des freien Willens aus der Glückseligkeit – «aus dem Himmel» – ins Dunkel gefallen und alles, was wir tun können und hoffentlich auch wollen, ist, aus freiem Willen wieder in die Glückseligkeit – in den «Himmel» – zurückzukehren. Diese Rückkehr heisst auch geistige Wiedergeburt.

6.2. Die Erde - Hochschule des Kosmos

Durch den Fall entstand die Materie. Gott hat aus der Seele Luzifers den gesamten Kosmos geschaffen mit allen Galaxien, Sonnen, Planeten, Monden usw.

Der Erde hat er eine besondere Funktion zugewiesen. In ihr Innerstes hat er Satan mit seinen schlimmsten Anhängern verbannt. Die Erdoberfläche dient den gefallenen Wesen, die sich als Menschen inkarniert haben, als Bildungsstätte, Gut von Böse unterscheiden zu lernen, sich für das Gute zu entscheiden und sich damit von Satan freizumachen.

Vom Ursprung, von der Schöpfung her, sind wir alle Kinder Gottes. Durch die Zuwendung zu Satan und dem erfolgten Fall haben wir diese Gotteskindschaft verloren und müssen sie deshalb wieder erarbeiten.

Dazu muss der Mensch seinen Versuchungen völlig freiwillig entsagen und sich Jesus Christus, dem Erlöser, zuwenden. Dadurch wird der Mensch frei und kann dann in die himmlischen Sphären aufsteigen und sich dem Zugriff Satans endgültig entziehen, je «höher» er steigt.

Zwar sind auch andere Himmelskörper «bewohnt», doch muss, wer die Gotteskindschaft erwerben will, den Gang über die Erde erfolgreich absolvieren. Darum ist die Erde auch als Hochschule des ganzen Kosmos zu sehen.

6.3. Gottes Weltplan

Alles was wir bisher über die Schöpfung, das Diesseits und das Jenseits skizziert und interpretiert haben, bezieht sich auf die jetzige Schöpfungsperiode. Sie ist noch in vollem Gang und auch nicht die Erste. Gemäss den nachbiblischen Offenbarungen gab es vorher unzählige weitere. Jede baut auf der andern auf und so geht dies unendlich weiter! Eine unvorstellbare Entwicklung und Dimension.

Das einzige Ziel Gottes ist: den aus grösster Liebe heraus geschaffenen Menschen (sein Ebenbild) gottähnlich zu machen und ihn an der Schöpfung Gottes voll teilhaben zu lassen. Darin besteht Gottes Weltplan. Er ist keine schicksalhafte Vorgabe, sondern letztlich das Ergebnis unseres Verhaltens. Die Variable ist nicht das Ergebnis, sondern die Zeit, die wir zur Erfüllung brauchen. Es kann (fast) unendlich lange dauern.

Wie geht dies weiter?

Allzu viel sollen wir nicht wissen, da wir es nicht fassen könnten. Immerhin: Gott hat uns mit einem freien Willen ausgestattet. Aus diesem Grunde gestalten wir die Zukunft selbst. Nicht nur als Individuum, sondern auch als Nation, Kulturkreis, Erde: Die Makro-Entwicklungen sind die Summen der entsprechenden individuellen Entwicklungen. In dieser Hinsicht sind wir Menschen auf der Erde freier und unabhängiger als die Wesen auf andern Planeten.

In einer nachbiblischen Offenbarung sagt Jesus: *«Denket nicht, dass etwas Derartiges geschieht, was die blinden Weltweisen „Bestimmung" nennen, als habe Gott schon für jeden Menschen bestimmt, was er in seinem Leben zu gewärtigen hat. Das gilt auch für die Völker.»*

Die Bestimmung ist Ergebnis unseres Verhaltens und keine Vorgabe Gottes! (Kausalgesetz: Ursache/Wirkung).

Würden wir Menschen hier auf der Erde ausschliesslich das Wort Gottes befolgen, so wären wir Schöpfer eines irdischen Paradieses. Aber dem ist leider nicht so. Viele negative Aspekte bedecken die Erde und beeinflussen so auch entsprechend unsere Gegenwart und die Zukunft.

Gott will aber, dass wir wieder zur vollkommenen Liebe zurückkehren. Unter diesem schöpfungsgeschichtlichen Aspekt gestaltet Gott seinen Weltplan – nur zum Guten für seine Kinder. Sie müssen den richtigen Weg einschlagen. Entweder geschieht Schlimmes – oder Gutes. Wir haben es in der Hand!

Vorausgesagt ist ein siebenmaliges Kommen von Jesus. Das siebente Mal steht nun an. Es bezeichnet die sogenannte Endzeit oder den grossen Wandel.

Folgen sollen die neue Erde, das tausendjährige Reich und darauf das ewige Friedensreich. Für Details siehe das Buch «Der Sinn des Lebens!»

6.4. Der Weg zur geistigen Wiedergeburt

Letztlich geht es bei Gottes Weltplan um nicht mehr und nicht weniger, als dass alles Gefallene aus freiem Willen wieder zum Ursprung, zur vollkommenen Liebe zurückkehrt.

Diese Rückkehr wird nicht auf einen Schlag passieren, sondern «tröpfchenweise» nicht alle Menschen gleichzeitig, sondern Mensch für Mensch, und wenn dies Milliarden von Jahren dauern sollte, bis alle wieder zurück und in der Vollkommenheit beisammen sind. Darum ist der Weg jedes Einzelnen von uns wichtig. Was gehört dazu?

Niemand wird auf einen Schlag wiedergeboren. Dies ist ein Prozess. Der schnellste Weg:

Innere Reue: Der Mensch bereut sein Vergehen ernsthaft und in aller Form. Er sieht den Fehler ein und veranlasst alles, aus diesem Fehlverhalten zu lernen und dies in die Tat umzusetzen. Er wird Trauer und Angst empfinden über den in dieser Hinsicht unschätzbaren Verlust der Gnade Gottes.

Entsagung und Meditation: Mit grosser Sehnsucht soll der Mensch sich vom Alltag täglich für eine gewisse Zeit in Ruhe zurückziehen und sich im Innersten ausschliesslich mit Gott beschäftigen.

Die geistige Wiedergeburt verlangt vom Menschen grösste Liebe und Sehnsucht nach Gott, Abkehr von allen weltlichen und sinnlichen Verführungen, statt Selbstliebe - Gottesliebe und den festen Willen, das höchste Lebensziel anzustreben: Die geistige Wiedergeburt.

Die geistige Wiedergeburt fängt mit der Erkenntnis der göttlichen Wahrheit an. Erst wer zur vollkommenen inneren Anschauung und Anhörung des lebendigen Wortes gelangt ist und die Welt - die Sünde – freiwillig aus sich verbannt hat, wird vollständig wiedergeboren. Eine grosse Herausforderung für jeden Erdenbürger!

6.5. Dem Nächsten Gutes tun

Du hast einen furchtbaren Nachbarn. Er ärgert Dich, wo er nur kann. Ihn lieben? Ihm Gutes tun?

Den Nächsten lieben heisst nicht, ihm um den Hals zu fallen. Lieben heisst, dem Nächsten uneigennützig Gutes zu tun. Der Nachbar ist, wie er ist, ändern kann ich nur mich selbst, mein Verhalten ihm gegenüber. Es lohnt sich, kreativ darüber nachzudenken. Bleiben alle guten Ideen ohne Erfolg, kann sich die Nächstenliebe auch als ehrliches, uneigennütziges Fürbittgebet für den Nachbarn zeigen. Solches Beten soll aber nicht erst dann stattfinden, wenn sonst nichts mehr geht, sondern immer!

6.6. Die Geistigen Gesetze

Die Geistigen Gesetze gehen aus Gott hervor. Sie sind Gegenstand der Schöpfung. Noch nie davon gehört?

Die materiellen (physikalischen Gesetze) kennen wir bereits seit unserem Physikunterricht in der Schule: Lichtgeschwindigkeit, Gravitationsgesetz etc. Wir wissen, dass sie wirken und zwar immer. Sie unterliegen im Gegensatz zu den Geboten nicht unserer Entscheidfreiheit. Sie wirken einfach, und wir berücksichtigen sie!

Die Geistigen Gesetze jedoch sind den meisten Menschen mehr oder weniger unbekannt – wir ahnen sie da und dort – doch systematisch nehmen wir sie nicht wahr.

Sie werden auch in keiner Ausbildungsstätte konsequent gelehrt. Und doch sind sie so alt wie die physikalischen Gesetze. Sie stehen auch über den physikalischen Gesetzen –

weil die Geistigen Gesetze die Materiellen Gesetze determinieren. Denn der Geist bestimmt die Materie. (Bibel/Genesis 1: «*Am Anfang war der Gedanke (Geist), Wort…!*»)

Wie die physikalischen Gesetze wirken auch die geistigen immer und überall. Wir können sie nicht ändern, doch sie berücksichtigen und uns ihnen anpassen. Ihre Kenntnis bewahrt uns vor Überraschungen. Sie kann uns erfolgreicher machen und/oder Schaden vermeiden.

Die Spuren der systematischen Wahrnehmung führen bis ins Alte China zurück. Der weise Laotse (6. Jh. vor Christus) hatte sie erstmals erfasst und niedergeschrieben. Sein Werk «Tao te King» gehört für viele Historiker zu den wunderbarsten Perlen der Weltliteratur.

Die mystische Gestalt Hermes Trismegistos hatte bereits in der ägyptischen Hochkultur acht dieser Gesetze im Kybalion erfasst. Nach ihm werden sie Hermetische Gesetze genannt.

Zu den **hermetischen Gesetzen** gehören: das Gesetz des Geistes, das Gesetz der Liebe, das Gesetz von Ursache und Wirkung, das Gesetz der Entsprechungen (Analogien), das Gesetz der Resonanz (Anziehung), das Gesetz der Harmonie (Ausgleich), das Gesetz des Rhythmus (Schwingung), das Gesetz der Polarität (auch Geschlechtlichkeit).

Im Weiteren sind die Geistigen Gesetze vom Frühmittelalter bis heute Gegenstand der Philosophie (Religionsphilosophie). Aber auch schon in die Managementlehre haben sie Einzug gehalten. Die bekannteste Abhandlung der Neuzeit (20. Jh.) war Fridjof Capras «Tao der Physik».

Das Leben, wie die ganze Schöpfung ist durchdrungen von einer inneren Ordnung. Diese Ordnung folgt den Geistigen Gesetzen. Die «Geistigen Gesetze» sind Ausdruck einer alles umfassenden universellen Wahrheit. Viele Menschen suchen nicht nur im Aussen nach Wahrheit, sondern immer mehr auch im Innern, bekunden immer mehr Sehnsucht, ein Dasein, eine Heimat im unendlichen Kosmos zu finden.

6.7. Die Geistigen Gesetze im Alltag

Mit den geistigen Gesetzen ist es wie mit den physikalischen: Wissen wir, dass ein Stein nach unten fällt, wenn wir ihn loslassen, werden wir sicher unsere Füsse zurückziehen. Wissen wir dies nicht, tut es weh.

Genauso ist es mit den Geistigen. Sie zu kennen, ist für die Bewältigung des Alltags äusserst aufschluss- und hilfreich.

Wir beschränken uns hier zur Verdeutlichung auf die Darstellung der 8 Hermetischen Gesetze. Für weitere 12 verweisen wir auf das Buch «Der Sinn des Lebens!».

Die Darstellung ist als Anregung gedacht, sich intensiver und dann mit vertiefender Literatur mit diesen Gesetzen zu befassen, falls man praktischen Nutzen daraus ziehen will. Auch hier gilt: Übung macht den Meister!

Das Gesetz des Geistes

Das Jenseits ist reiner Geist, die Materie ist gerichteter, verdichteter Geist.

Alles ist Geist. Die Quelle des Lebens ist Schöpfergeist. Die Schöpfung ist geistig. Geist herrscht und verändert die Materie. (Bibel/Genesis 1: «*Am Anfang war das Wort* (Gedanke).» Alles Geistige unterliegt ständigem Wandel durch stetig geistiges Wachstum. Es gibt keinen geistigen Stillstand, nur unentwegte Bewegung. Das Höherschwingende verändert und hebt das Niedrigschwingende.

Das Bewusstsein bestimmt das Sein. Gedanken schaffen und verändern die Realität. Gedanken sind Schöpferkraft (Gesetz der Imagination). Entscheidend ist die Intensität des inneren Wollens.

Achtsamkeit der Gedanken – sie schaffen unser Sein.

Das Gesetz der Liebe

Gott ist Liebe; und wer in der Liebe bleibt, der bleibt in Gott und Gott in ihm. 1 Joh 4.16

Das Gesetz der Liebe ist das Grundgesetz schlechthin. Es steht am Anfang. Von der Liebe ist alles ausgegangen, von ihr, der zentralen Grundeigenschaft und Urenergie Gottes.

Liebe ist das Grundprinzip unseres Kosmos. Sie verwandelt alles, was sie berührt, ins Positive. Sie ist selbstlos!

Das Grundgesetz der christlichen Religionskultur (auch «Doppelgebot» genannt) heisst bekanntlich:

«Liebe Gott über alles und den Nächsten wie Dich selbst!»
(Darin sind auch die 10 mosaischen Gebote enthalten).

Lieben ist Geben und Nehmen – wobei das **selbstlose** Geben an erster Stelle steht (zuerst die Saat, dann die Ernte.)

Das Gesetz von Ursache und Wirkung

Jede Ursache hat ihre Wirkung, jede Wirkung ihre Ursache. «Von Nichts kommt Nichts.»

Jede Schöpfung hat einen Schöpfer. Alles in dieser Welt entspricht dem Gesetz von Ursache und Wirkung. Stets und in allem gibt es eine Verbindung zwischen - was war und was folgt.

63

Deshalb gibt es auch keinen Zufall. Alles was ist, ohne dass wir die Ursache kennen, nennen wir fälschlicherweise Zufall. Aufgrund des Resonanzgesetzes «fällt es einem zu». Auch Glück hat eine Ursache. Es entsteht auch kein Gefühl ohne eine entsprechende Ursache (Mögliche «Ursachen» für das Glücksgefühl: Dankbarkeit, Hilfeleistung gegenüber Mitmenschen, partnerschaftliche Liebe, Prüfungserfolg, Lottogewinn: Bei all diesen erwähnten Themen – welche Glücksgefühle auslösen - braucht es eine entsprechende Vorleistung.)

Jede Wirkung entspricht in Qualität und Quantität genau der Ursache. Schaffe ich eine negative Ursache, dann entsteht eine negative Wirkung und umgekehrt.

Das Kausalgesetz manifestiert in absoluter Form die eigene Schöpfungskraft. Jederzeit schaffen wir neue Ursachen, welche entsprechende Wirkungen auslösen. Diese entstandenen Wirkungen bilden wiederum neue Ursachen. Die Kettenreaktion ist endlos – denn ohne Ursache gibt es keine Wirkung.

Das Gesetz der Entsprechungen (Analogien)

Wie oben, so unten – wie unten, so oben. Alles hat seine ihm zustehende Entsprechung.

Das Gesetz der Analogie ist von grosser Wichtigkeit für den Alltag. Jede Existenz hat eine entsprechende Entsprechung. Und dies gilt für jede Situation, Position oder jedes Subjekt. Wie im Mikro, so im Makro. Inhalt und Form sind stets identisch. Im alten Ägypten hatte man diesem Gesetz auch den Namen «Hermetik» gegeben. In der Traumdeutung ist das Gesetz der Entsprechung besonders bekannt, weil hinter einem Symbol eine reale Wirklichkeit steckt. Jedes Symbol und jedes Ritual bedient sich auf seine Weise dieses Gesetzes, so beispielsweise auch die Christliche Eucharistie, dem Abendmahl, in Wein und Brot.

Anhand des Gesetzes der Entsprechung können wir unser eigenes Dasein besser wahrnehmen, deuten und entwickeln. Welche Lebenssituationen entsprechen uns – begegnen uns – und allenfalls sodann die Frage nach dem Warum, Wo, Wie? Warum entspricht genau mein Partner mir – und bei feststellbaren Unzulänglichkeiten – warum? Was hat sich allenfalls gegenüber früher verändert, und was soll mir das ausdrücken?

Wir ziehen stets die unserem Naturell entsprechenden Menschen an oder auch die uns entsprechende Lebenssituationen – weshalb: weil wir sie anziehen und sie deshalb uns entsprechen. Aus unseren Visionen, Neigungen, Zielen etc. gestalten wir die uns entsprechende Zukunft. Sind wir depressiv, schwermütig – dann wird sich die Zukunft auch entsprechend so gestalten, es sei denn, wir sind uns dieses Gesetzes bewusst und verändern unser Verhalten. Durch eine nachhaltige Veränderung ins Positive gestaltet sich unser Leben auch zusehends wohlwollender und auch die entsprechenden Menschen begegnen uns.

Das Gesetz der Resonanz (Anziehung)

Gleiche Schwingungen finden ihre Anziehung, ungleiche Schwingungen ihre Ablehnung.

Das Gesetz der Resonanz ist eng verwandt mit dem Gesetz der Schwingung und dem Gesetz der Entsprechung.

Jeder kann nur das anziehen, was aktuell seiner Schwingung entspricht. Unser Verhalten bestimmt unsere Verhältnisse.

Das Stärkere bestimmt das Schwächere und gleicht es sich an. Ebenso das Gute; es bestimmt das Schlechtere und gleicht es sich an. Das heisst im Klartext: Schliesslich überwiegt das Positive, weil göttlich, und bezwingt das Negative, Satanische.

Jeder Mensch kann immer nur jene Bereiche der Wirklichkeit wahrnehmen, für die er die Resonanzfähigkeit besitzt, für die er im Moment konditioniert ist, wie man auch sagt. Dies gilt nicht nur für den Bereich der sinnlichen Wahrnehmung, sondern für die Wahrnehmung der gesamten Wirklichkeit. Was ausserhalb seiner Resonanzfähigkeit liegt, wird nicht wahrgenommen.

Alle Massenbewegungen beruhen auf der Wirkung des Resonanzgesetzes.

Der Mensch bewegt sich demzufolge stets in der Aura seiner geistigen Atmosphäre. Deshalb gibt es unter uns chronische Verlierer wie auch entsprechend chronische Gewinnertypen.

Das Gesetz der Resonanz hat auch eine enge Bewandtnis mit dem Gesetz der Imagination. Interessant ist hier noch der Verweis auf ein psychologisches Phänomen betreffend Wahrnehmung und Persönlichkeit: Wenn mir etwas an einem andern Menschen missfällt, dann nicht wegen dessen Verhaltens, denn dieses ist nur der Auslöser. Die Ursache liegt letztlich in mir, weil etwas von mir noch im missfallenden Verhalten vorhanden ist und auf Resonanz bei mir stösst... Deshalb dann der seelische Imperativ: Diese Eigenschaft oder Muster in mir auflösen! («Spiegelwahrnehmungsgesetz»).

Durch diese Resonanzfähigkeit bestimmt jeder Mensch so seine eigene Welt. Dies ist seine innere Welt, nicht transparent und auch nicht wahrnehmbar - eine Art Illusion. Diese Welt kann er aber jederzeit wiederum verwandeln, verändern, neu gestalten. Er muss sich nur das Wissen der Geistigen Gesetze aneignen und danach konsequent handeln.

Bevor wir zu den «Winner-Typen» gehören wollen, müssen wir uns innerlich Gewinn-bringend vorbereiten. Es genügt, sich bewusst zu machen, dass man etwas wirklich braucht – und man wird es in kurzer Zeit auf oft wunderbare Weise bekommen (sofern es dem «Lebensplan» entspricht!).

Das Leben ist die Summe all unserer Resonanzen - nicht weniger und nicht mehr....!

Dank dem Gesetz der Resonanz gibt es auch keinen Zufall. Die Resonanz lässt es einem zufallen.

Das Gesetz der Harmonie (Ausgleich)

Alles strebt nach Harmonie und das Gesetz der Harmonie schliesslich beinhaltet die Summe aller Geistigen Gesetze.

Im Griechischen heisst «harmonia» Vereinigung von Gegensätzen.

Das Gesetz der Harmonie gleicht die verschiedenartigen Wirkungen der Gesetze aus und ist bestrebt, dass die Harmonie sich schlussendlich stabilisiert oder schnell wieder hergestellt wird. Im Gesetz der Harmonie sind alle andern Gesetze in ihrer Form enthalten und haben dort ihren Mittelpunkt. Alles drängt in irgendeiner Entwicklung zur Harmonie. Sie sorgt für das Gleichgewicht aller Aktivitäten. Im Gesetz der Harmonie findet alles Exzessive wieder dessen Entmachtung. Dieses Gesetz findet man überall in der gesamten Schöpfung: Mensch und Tier suchen zwangsläufig ihre eigene Harmonie. Fällt etwas aus der Harmonie, entsteht ein Vakuum, ein Unwohlsein, eine Störung. Eine Disharmonie.

Das Gesetz des Rhythmus (Schwingung),

Alles fliesst aus und ein; alles hat seine Gezeiten.

Das Schwingen des «Pendels» zeigt sich in allem. Das Mass des Schwunges nach rechts ist das Mass des Schwunges nach links. Rhythmus kompensiert.

«Rhythmos» (griech.): Fluss der Dinge.

Alles ist Rhythmus. Die gesamte Schöpfung ist rhythmisch. Unser Leben ist rhythmisch. Auch unsere Geschichte entspricht dem Gesetz des Rhythmus – leider haben dies die wenigstens bemerkt, ansonsten könnte man aus den Fehlern lernen und viel Zerstörungspotenzial vermeiden...

Das Gesetz des Rhythmus hat eine enge Bekanntschaft mit dem Gesetz der Polarität. Auch der Mensch hat seinen ihm eigenen Rhythmus (Morgen-, Abend-, Nachtmensch). Auf Anspannung folgt Entspannung. Wird der Rhythmus gestört, dann resultiert ein Vakuum. Deshalb ist es sehr wichtig, als Mensch seinen eigenen Rhythmus zu finden und auch zu leben.

Das Gesetz des Rhythmus hat auch etwas ganz Tröstendes für uns Menschen in sich:

Auf ein Tief folgt stets wiederum ein Hoch (aber auch umgekehrt). Und auch unsere Existenz unterliegt schliesslich dem Rhythmus: Geburt, Tod – Wiedergeburt (auf der andern Seite). Dank dem Gesetz des Rhythmus können wir auch unsere Lebensqualität nachhaltig verbessern. Indem wir uns vom Aufschwung unseres Rhythmus in ein höheres Bewusstsein tragen lassen und dort verbleiben, nehmen wir am unausweichlichen Gegenschwung nicht teil und können uns von der Welle des nächsten Aufschwungs stets höher tragen lassen. Vor allem die geistige Entwicklung basiert auf diesem Effekt.

Auch dieses Gesetz zeigt uns deutlich, wie wir durch diese Kosmischen Gesetze unser Leben stets besser wahrnehmen und sichtbar bestimmen können. Wenn wir auf der «Klaviatur» dieser Eigenschaften ernsthaft spielen können, dann sind wir der Meister unserer Persönlichkeit. Dann haben wir den Durchblick und unser Leben einigermassen «im Griff». – unter der entscheidenden Voraussetzung:

«Der Mensch denkt – und GOTT lenkt!»

Das Gesetz der Polarität (auch Geschlechtlichkeit)

Alles ist zweifach, alles hat Pole, alles hat sein Paar von Gegensätzlichkeiten.

Die Welt und unser Kosmos sind polar: Tag und Nacht, weiss und schwarz, gross und klein, gut und schlecht.

Trotzdem sind diese Polaritäten nur scheinbar Gegensätze, in Wirklichkeit aber eins. Verschieden sind sie nur im Grad ihres Ausdrucks. Sobald wir die Dualität erkennen, verschwindet die Differenz, und wir sind wiederum in der Harmonie, im Einklang. Ich muss nur meinen Standort ändern, und die Zustände verändern sich. Ich sehe die Welt wiederum neu. Ergänzend durch das Gesetz der Resonanz und der Entsprechung schaffe ich wiederum ein neues Bewusstsein und entsprechend eine neue Realität. Innerhalb des Massstabes gibt es demzufolge stets ein neues Betrachtungsspektrum. Und diese Gesetzmässigkeit kann ich nutzen, dem Leben eine andere Dynamik zu verschaffen. Also, nicht die Welt ist schlussendlich polar, sondern unser Bewusstsein – und jede Bewusstseinsveränderung ruft eine Gegenreaktion hervor, mit der wir umgehen müssen, damit es weitergeht.

Demzufolge ist es so wichtig, achtsam in der Gegenwart zu sein, um nicht von so genannten Gegenreaktionen überrollt zu werden.

6.8. Orientierungshilfen

Das Gebet, Meditation, Gedankenkontrolle

Was heisst eigentlich beten? Ist es das Sprechen oder zumindest Denken auswendig gelernter Gebete? Ist es ein Bitten um konkrete Gaben oder was?

Haben wir im Elternhaus eine religiöse Erziehung genossen, gehörten vereinheitlichte Gebete dazu. Man sprach ein gemeinsames Tischgebet oder ein Vaterunser usw. Dagegen ist nichts einzuwenden, solange die Gebete aus dem Herzen kommen.

Hinweise aus den nachbiblischen Offenbarungen führen uns weiter. Danach ist das Beten die empfohlene Kommunikationsform mit Gott, dem Vater (Schöpfer) und Sohn (Erlöser). Wie im Gespräch mit einem Gegenüber bleibt ein emotionsloses Wiederholen immer derselben Sätze ohne Wirkung.

Wie könnte denn Beten aussehen? Zunächst unterscheiden die Botschaften, was die Bibel meint, mit: «*Denn wo zwei oder drei in meinem Namen versammelt sind, da bin ich mitten unter ihnen.*» Mt 18.20.

Dann gibt es die Stelle: «*Wenn du aber betest, so geh in dein Kämmerlein und schliess die Tür zu und bete zu deinem Vater, der im Verborgenen ist; und dein Vater, der in das Verborgene sieht, wird dir's vergelten.*» Mt 6.6

Die beiden Stellen widersprechen sich nicht. Vom Beten spricht nur die Zweite, dem Reden mit Gott. Die erste meint ein Beisammensein, um über Jesus und seine Lehre zu reden.

Das heisst nicht, man solle darauf verzichten, zum gemeinsamen Beten zusammen zu kommen! Bibel und Erfahrungsberichte wissen von gewaltigen Wirkungen zu berichten, welche aus gemeinsamem Beten hervorgegangen sind.

In der Regel war dies verbunden mit einem Flehen in der Not, **aus tiefstem Herzen**. Ähnliches berichtet die Bibel in Jona 3, wo die Zerstörung der Stadt durch eine Umkehr des Volkes abgewendet werden konnte. Es kommt also immer auf die innere Ernsthaftigkeit an.

Zum Beten wird empfohlen, auf starre Gebetsformeln zu verzichten zugunsten eines **Gesprächs des Kindes mit dem Vater**, wie uns die Worte gerade zu dem einfallen, was uns im Moment bewegt.

Dazu braucht der Mensch **Ruhe**, zu welcher **geeignete Meditationsformen** hilfreich sein können. Sie sollten, so die Empfehlung, nicht einfach leer sein, doch zumindest die Intention einer völlig ergebnisoffenen Zuwendung beinhalten zu Jesus oder dem Vater, welche Ansprache passender zu sein scheint.

Dazu ein Hinweis: Im Lorberwerk finden wir 5 verschiedene Fassungen des **Vaterunsers**. Dies deutet darauf hin, dass Jesus seinen Jüngern kein wörtlich vorgegebenes Gebet hinterlassen hat, sondern einen bestimmten Gehalt, welcher im Detail verschieden ausgedrückt werden kann.

Da wir nicht gedankenlos in den Tag hinein leben, sondern auf unserem Weg zurück ins Vaterhaus vorankommen wollen, lohnt es sich, an sich zu arbeiten. Auch dies geschieht am besten in der Stille mittels der **Gedankenkontrolle**. Früher hatte man diese auch Gewissenserforschung genannt. Man geht beim Morgengebet den angebrochenen Tag durch und blickt am Abend kritisch darauf zurück, um Folgerungen für sein weiteres Selenleben zu gewinnen.

Ethik und Moral, christliche Werte

Wen interessiert diese Thematik heute noch? Sie «riecht» doch nach «Moralisieren»! Das lieben wir nicht! Wollen wir trotzdem mal genauer hinschauen?

Die Begriffe Ethik und Moral sind nicht eindeutig voneinander zu trennen. Beide zusammen beschreiben Grundsätze des menschlichen Handelns. Dabei gehören der Ethik eher die philosophischen Grundsätze des menschlichen Handelns an, der Moral die konkreten Handlungsmuster.

Wichtig sind nicht diese Unterscheidungen, sondern die Grundlagen hinter den als geltend betrachteten Handlungserwartungen. In unserem Kulturkreis waren diese durch eine christliche Denk- und Handlungsweise bestimmt. Beispiele in Stichworten: Ehrlichkeit, Gottes- und Nächstenliebe, Handeln nach den 10 Geboten, Artenschutz, artgerechte Tierhaltung usw.

In den vergangenen Jahrzehnten oder auch Jahrhunderten haben Materialismus, Egoismus, Hochmuth, Raffgier, Machtstreben, Rücksichtslosigkeit usw. die christlichen Werte in Bedrängnis gebracht.

Gehen wir aber davon aus, dass das Leben nach dem physischen Tod weitergeht und schliesslich wieder zurückführen soll zur Vollkommenheit, zur allumfassenden Liebe, wie wir sie vor dem Fall hatten, führt kein Weg an der Befolgung der christlichen Werte vorbei.

Diese bestehen im Anerkennen der Erlösung durch Jesus Christus und im Befolgen des von ihm betonten Doppelgebotes der Liebe, welches automatisch das Befolgen der alttestamentarischen 10 Gebote einschliesst.

Ganzheitlich gesund

Wann ist der Mensch wirklich gesund?

Der Satz: *«Denn was hilft es dem Menschen, die ganze Welt zu gewinnen und Schaden zu nehmen an seiner Seele?»* Mk 8.36, ist dazu ein Hinweis: Die Welt ist materiell, so auch unser Körper. Auch diesen können und sollen wir pflegen, um ihn zur Erfüllung unseres Lebensplanes tauglich zu erhalten. Wirklich ganz gesund können wir nur sein, wenn es auch unsere Seele ist. Ist diese krank, wird es sich negativ auch auf den Körper auswirken. Wir können dann, wie dies in der Regel der Fall ist, irgendeine Pille «einwerfen» und der Schmerz ist weg. Dabei war der Schmerz nur ein Warnsignal, eine Warnlampe quasi für eine Disharmonie. Nehmen wir die Warnlampe weg, ist das Problem nicht behoben.

Ähnlich ist es mit der Grippe. Vielleicht benötigt der Mensch, bestehend aus Geist, Seele und Körper, einfach einmal etwas mehr Ruhe, um sich zu erholen…

In eine Dilemma-Situation gelangen wir beim Thema Organtransplantation. Ohne sich an dieser Stelle dafür oder dagegen auszusprechen, stellt sich doch die Frage, ob hier nicht des Menschen Hochmut sich über das Wesen Gottes stellen will.

Wir sind es gewohnt, sofort zu handeln, wenn wir Krankheitssymptome feststellen. Doch was ist die Ursache für diese? Hätten wir sie im Alter vielleicht vermeiden können, wenn wir uns in der Jugend besser um unsere ganzheitliche Gesundheit gekümmert hätten. Wie oft gilt doch:

«Mit 20 kannst Du das Leben ungehemmt so richtig geniessen. Bezahlen kannst Du dann mit 60!»

Zukunftstrends aus spiritueller Sicht

Was sagt uns die «Weltelite»?

Klaus Schwab, der Gründer des WEF (World Economic Forum in Davos), spricht vom «The Great Reset». Vom ganz grossen Wandel der Menschheit.

Ganz tolle Sachen sollen der Menschheit helfen, am Abgrund vorbei zu kurven. Implantate mit künstlicher Intelligenz wollen einen ganz neuen Menschentypen schaffen. Ein dichtes Netz von Tausenden von Satelliten sollen in Verbindung mit dem G5-Netz die Internet-Abdeckung und -Geschwindigkeit massiv erhöhen und verbessern. Das Geo-Engineering, basierend auf in grosser Höhe versprühten Chemikalien, will die Sonneneinstrahlung verringern, damit die Temperaturen nicht weiter ansteigen. Tönt alles sehr gut, wenn sich nicht zwei Fragen stellen würden: Welches sind die Nebenwirkungen? Kann der Mensch mit seinen Erfindungen wirklich klüger sein als unser Schöpfer?

Hinsichtlich der Nebenwirkungen können und sollen sich Interessierte in dafür kompetenten Quellen ein eigenes Bild machen: Wir treiben den Teufel mit dem Beelzebuben aus!

Die Frage: klüger als der Schöpfer? braucht keine weitere Erläuterung. Überheblichkeit, Hochmut und Egoismus sind Eigenschaften, die Satan zuarbeiten und uns darum alarmieren sollten.

Der Prüfstein für alle Zukunftstrends müsste die Frage sein, ob sie dem Doppelgebot der Liebe genügen. Falls nein, hindern sie uns am Vorankommen bei der Rückkehr ins Vaterhaus!

Das Himmlische Jerusalem

«Einmal hatte mich der Herr länger als
eine Stunde Wunderbares sehen lassen, so dass ich glaubte, er würde gar
nicht mehr aufhören damit.
Da sagte er mir:
Schau, Tochter, was die verlieren, die
gegen mich sind; hör' nicht auf, es
ihnen zu sagen!»

Teresa von Avila

Wohin gehen wir?

7.1. Grundfragen zum Jenseits

Wer sagt uns denn, dass es ein Jenseits gibt?

Wenn es kein Weiterleben nach dem Tode gibt, macht Religion keinen Sinn. Dann wäre dazu zu raten, das Leben in Saus und Braus möglichst lustvoll auszukosten, egoistisch sich zu verwirklichen und ohne Rücksicht auf Verluste in der Natur und an den Mitmenschen zu leben. Wenn es ein solches aber gibt, ist wohl der Sinn des Lebens ein ganz anderer.

Wenn es etwas gibt, welches nach dem physischen Tod weiter lebt, muss beim Tod etwas geschehen, das uns Mut machen sollte.

Und die nächste Frage wird dann sein, was macht das, was den physischen Tod überlebt anschliessend und in der Zukunft? Offensichtlich muss es sich in einem «Jenseits», was immer dies sein mag, befinden. Wie muss man sich dieses vorstellen?

7.2. Was geschieht beim Sterben?

Dazu Rudolf Passian aus seinem Buch über den verhängnisvollsten Irrtum unserer Zeit, Kapitel «Beobachtungen an Sterbebetten»:

«Beim Sterben ist man genauso wenig allein wie beim Geborenwerden, auch wenn kein Mensch zugegen ist: Es sind jenseitige Besucher da, die Geburts- oder Sterbehilfe leisten. Von Hellsichtigen, also Menschen, die aufgrund ihrer Begabung mehr wahrnehmen können als wir anderen, wurde der Sterbevorgang schon des öfteren beschrieben.

Besonders aufschlussreich und beruhigend sind die Aufzeichnungen der britischen Krankenschwester Joy Snell in ihrem Büchlein „Der Dienst der Engel". Betrachten wir uns dazu das Erlebnis eines Ehemannes, das er beim Heimgang seiner Gattin hatte.

Es war nachts, und er befand sich mit seiner sterbenden Frau allein im Zimmer, als er von einem eigenartigen Müdigkeits- und Schweregefühl übermannt wurde. Er blieb aber voll wach und sah, von der Tür her kommend, drei senkrecht-längliche Nebelwolken, die sich dem Sterbebett näherten. Er beobachtete, wie diese Wolken das Bett vollständig umhüllten. Der Mann wusste natürlich nicht, wie ihm geschah. Er schrieb:

Als ich in den Nebel hineinstarrte, gewahrte ich am Kopf meiner Frau eine weibliche Gestalt, durchsichtig und dennoch wie ein lichter Schein von leuchtendem Gold. Eine Frauengestalt, so erhaben, dass mir die Worte fehlen, sie genauer zu beschreiben. Sie war eingehüllt in ein griechisches Gewand mit langen, lose herabfallenden Ärmeln, auf ihrem Haupte eine strahlende Krone.

So stand die Gestalt in ihrem Glanze und ihrer Schönheit da, ihre Hände über meine Frau erhoben, mit heiterer, stiller Miene würdevoll Ruhe und Frieden ausstrahlend. Zwei andere Gestalten in Weiss knieten an der Seite meiner Frau. Andere Gestalten schwebten über dem Bett, mehr oder weniger deutlich."

Schliesslich bemerkte der Mann, wie sich oberhalb seiner Gattin schwebend eine unbekleidete Gestalt bildete, die durch ein silbern glänzendes Band mit dem Körper der Sterbenden verbunden war, und zwar von der Stirn ausgehend. Diese Schau wurde auch dann nicht unterbrochen, als der Arzt den Raum betrat oder Freunde kamen. Das Ganze dauerte rund fünf Stunden. Während der ganzen Zeit, so versicherte der Beobachter, seien die Geschehnisse dermassen beständig und lebensvoll gewesen, dass er meinte, seinen Verstand zu verlieren, was er dem Arzt auch mehrmals sagte.

Der Astralleib seiner sterbenden Gattin wand sich hin und her, als ob er sich losmachen wollte vom irdischen Leib. Interessanterweise veränderte er hierbei auch öfters seine Grösse. Endlich trat der Augenblick des sogenannten „Todes" ein: Ein letztes Keuchen, die Frau hörte auf zu atmen, und nachdem das silberne Lebensband gerissen war, verschwand der Astralleib plötzlich und mit ihm auch die lichten Geistergestalten. Zugleich war der Mann das merkwürdige Druckgefühl in Kopf und Körper los und dadurch in der Lage, alle erforderlichen Anordnungen zu treffen. Was er erlebt hatte, begann er erst zu verstehen, als er sich mit der Sterbeforschung befasste.»

«Die im Bericht erwähnte silberne Schnur ist schon seit Tausenden von Jahren bekannt. Sie wird auch in der Bibel erwähnt, in Prediger 12,6, wo in Bezug auf das Sterben gesagt wird: «Ehe noch der silberne Faden zerreisst ....»» - Wenn diese Verbindung gerissen ist, gibt es kein Zurückkehren mehr in unseren physischen Leib.»

Das Beschriebene war die Sicht eines Beobachters, also eines Aussenstehenden. Was aber erlebt der Sterbende in diesem Moment? Erlebt er überhaupt etwas oder löst sich seine Seele vom Körper, um sich dann auf Nimmerwiedersehen aufzulösen, so quasi zu verdunsten?

Einen ersten Hinweis finden wir bei den sogenannten Nahtoderlebnissen. Menschen schildern, was sie erlebt hatten, als sie dem Tode sehr, sehr nahe gewesen waren. Bei drei Personen, welche die Verfasser persönlich kennen, hatten sich solche Erlebnisse eingestellt bei einem Autounfall im Tessin, bei einem beinahe Ertrinken im Kolk eines Gebirgsbaches und bei Komplikationen nach einer Operation im Spital.

Dr. med. Raymond A. Moody, war einer der Ersten, der die Erlebnisse von Patienten, die klinisch tot waren und wiederbelebt wurden, systematisch untersuchte. Er fand dabei eine hohe Übereinstimmung der Wiedergaben.

Seither sind von anderen Ärzten Tausende solcher Fälle untersucht worden. Aus all dem gesammelten Material gibt es keinerlei Zweifel: Das Leben endet nicht mit dem Tod des physischen Körpers. Es geht auf einer anderen, feinstofflichen Seinsebene ohne Unterbruch und ohne Ende weiter.

Wie schön es aber dann dort sein wird, hängt vom zu Ende gegangenen irdischen Leben des Verstobenen ab und dann insbesondere von seinen guten Taten, vor allem der Gottes- und Nächstenliebe.

7.3. Das Jenseits – Vermutung oder Wirklichkeit?

Rudolf Passian starb am 7.3.2018. Ihm verdanken wir das Vorwort zum Buch über den Sinn des Lebens. Sein achtes und letztes Werk trug den Titel: Der grösste Irrtum unserer Zeit. Er meinte damit den weitverbreiteten Unglauben an ein Leben nach dem Tod.

Was er und zahlreiche andere Autoren über Nachtod-Kontakte berichten konnten, lässt keinen Zweifel darüber offen, dass das Leben nach dem physischen Tod weiter geht und dass es deshalb ein Jenseits geben muss.

Der Verfasser kann solche aus eigener Erfahrung bestätigen.

Warum glauben wir dies denn nicht? Streng naturwissenschaftlich lässt sich die Aussage nicht beweisen. Es braucht den Indizienbeweis wie vor Gericht. Sprechen alle relevanten Anzeichen dafür, hier für ein Jenseits, wird eine Aussage als wahr anerkannt. Fehlen noch Indizien oder gibt es Widersprüche, geht die Suche weiter, bis man klar sieht. Dass sich die

Zweifel in Glaubensfragen oft nicht verflüchtigen, liegt an der irrigen Meinung, in der Naturwissenschaft sei alles klar, weil bewiesen.

Was ist denn an Glaubenszweifeln so schlimm? Nichts - solange wir weiter nach der Wahrheit suchen.

7.4. Zur «Geografie» des Jenseits

Wo ist denn das Jenseits? Oft liest man, es gebe keinen Ort, nur einen Zustand. Wie kann man (im Jenseits) irgendwo sein, wenn es keine Orte gibt?

Näheres darüber können wir glaubwürdigen Jenseitskundgaben entnehmen. Klar ist, dass es Orte gibt, wenn vielleicht nicht genau so, wie wir uns diese irdisch dreidimensional fixiert vorstellen. Für Weltmenschen anschaulich wird es, wenn ein Weiterreifen im Jenseits auch auf anderen Planeten und Himmelskörpern stattfinden kann.

Eine bildhafte Erklärung für andere «Orte» könnten Radiowellen sein. Sie sind überall. Die verschiedenen Frequenzen durchdringen sich. Stellt man sein Radio auf eine bestimmte Senderfrequenz ein, kann man diesen Sender hören. Wir sind in Resonanz mit ihm. Im Jenseits sind auch jene Seelen beisammen, welche dieselbe Entwicklungsstufe, die gleiche Schwingung erreicht haben. «Platz» brauch man dafür nicht, den hat man automatisch.

Zur Frage, wie es denn im Jenseits aussehe und wie es gegliedert sei, liegen sehr unterschiedliche Mitteilungen von drüben vor; und das ist ganz normal und natürlich, denn jeder Berichterstatter kann ja nur gemäss seines persönlichen Wissens Aussagen machen, je nach der erreichten Übersicht. Und nur wer den Gipfel eines Berges erklommen hat, ist in der Lage, eine vollständige und richtige Beschreibung der gesamten Umwelt zu geben.

Unter diesem Vorbehalt Folgendes weiter:

Im Allgemeinen wird von sieben grossen Sphären gesprochen, die – vertikal betrachtet - zusammen die so genannte «Astralwelt» ausmachen: 3 himmlische Sphären, das Mittelreich und drei gegensätzliche:

Himmlisches Jerusalem (= oberster Himmel, Vaterhaus)
Liebe-Weisheitshimmel
Weisheitshimmel
Mittelreich inkl. Purgatorium und Paradiese
Erste Hölle
Zweite Hölle
Dritte Hölle

Diese Lebensräume umschliessen kugelschalenförmig den Erdball (vergleichbar den Schichten einer Zwiebel). Die einzelnen Schichten sind in viele Unterabteilungen gegliedert. Diese gehören sehr unterschiedlichen Frequenzbereichen an, die niedrigsten in der dritten Hölle, die höchsten im Himmlischen Jerusalem. Bei unserem Ableben kommen wir zuerst ins Mittelreich und von dort in jenen Bereich, dessen Frequenz mit unserem Reifegrad übereinstimmt.

Ins **Himmlische Jerusalem** gelangt, wer alles Ungute in Charakter und Wesen abgetan, harmonisiert hat. Erst dann erreicht man die geistige Wiedergeburt, d. h. den Reifegrad für den Eingang in die Stadt Gottes (Vaterhaus).

Dazu eine Erläuterung:

Vor dem Fall waren wir alle in der Herrlichkeit Gottes, in der totalen Liebe, im hellsten Licht, alles aus Gott stammend. Durch den Fall entfernten wir uns von Gott und damit auch von ihm als Energiequelle. Wer zutiefst fiel, landete in völliger Dunkelheit und unter durch und durch bösen Gefährten. Diesen Zustand, den wir dort empfinden, nennen wir die Hölle, ein unvorstellbar schrecklicher «Ort». In Richtung Licht, dem Himmel entgegen wird es immer heller und schöner. Die Frohbotschaft: Wir sind zur Rückkehr dorthin eingeladen!

7.5. Eindrücke aus dem Jenseits

Nach dem Buch «Die Geistige Sonne» von Jakob Lorber öffnet der Evangelist Markus Jakob Lorber und seinen Freunden Anselm Hüttenbrenner und Karl Gottfried Ritter von Leitner das geistige Auge und führt sie im Jenseits herum. Wenn wir uns darauf einlassen, erleben wir diese Besichtigung der Jenseitsbereiche mit. Einige Auszüge:

Hölle

«... Die überaus schmutzigen Häuser des Dorfes sehen ja aus wie bei uns auf der Erde eine Brandstätte, allda ein Dorf in irgendeinem schlechtesten Winkel der Erde abgebrannt wäre. Und die Menschen, die wir hier erblicken, sehen ja so lumpig aus, daß man sich auf der Erde nicht leicht etwas Lumpigeres vorzustellen imstande ist.»

Wir ersparen uns die wirklich grauenhafte Schilderung dieser Menschen. Ihr erbärmlicher Zustand stammt von ihrer Fleischeslust, welcher sie verfallen sind, welche ihr Alles ist und welche sie nach und nach gänzlich aufzehrt, bis sie allenfalls zu besserer Einsicht gelangen.

Aus der Welt atheistischer Verstandesmenschen

Die Besucher begegnen einer gebückten, armseligst aussehenden Gestalt:

«Was machst du hier? Die Gestalt spricht: Ich bin schon bei drei Erdjahren in dieser Gegend und laufe umher als ein wildes Tier und finde nichts, damit ich meinen großen Hunger stillen könnte. ... Ich war auf der Erde ein großer Herr und hatte ein großes Amt inne. ...

Ich tat aus meinem amtlich verdienten Einkommen freiwillig so manches Gute und lebte in jeder Hinsicht als ein nachahmungswürdiges Beispiel. Als ich aber dann das Zeitliche verließ, da kam ich in diese schauerliche Gegend, ... frage ihn weiter:

Solches mag ja alles sein; hast du aber auch je an Christum, den Herrn, gedacht und geglaubt? ... Der Armselige: Wie kann ein gebildeter Mann an so einen Alten-Weiber-Christus glauben?»

Aus einem Zwischenreich

Ein Verstorbener wird im Jenseits zu seiner Wohnung geleitet. Als er ins Haus eintritt, sieht alles so aus, wie das Haus, in welchem er irdisch gewohnt hatte. Es gab einen Unterschied. Es war bereits realisiert, was er auf der Erde noch als Umbau vorgesehen gehabt hatte.

Aus dem Weisheitshimmel

Es soll ganze Familien geben, welche sich über lange Zeit dort in wunderschönen Palästen und Gärten aufhalten. Wollen Jenseitige, weiterkommen, müssen sie bereit sein, aus Liebe zum Herrn alles zu verlassen, um ihm nachzufolgen, wie Jesus dies von seinen Jüngern auf Erden erwartet hatte. Sie kommen dann über ein einfaches Leben im **Liebe-Weisheitshimmel**, schliesslich ins **Himmlische Jerusalem**, der Stadt Gottes und leben dort in unvorstellbarer Glückseligkeit.

Wenn Menschen gottlos werden...

«dann sind Regierungen ratlos,
Lügen grenzenlos,
Schulden zahllos,
Besprechungen ergebnislos,
dann ist die Aufklärung hirnlos,
sind Politiker charakterlos,
Christen gebetslos,
Kirchen kraftlos,
Völker friedlos,
Sitten zügellos,
Mode schamlos,
Verbrechen masslos,
Konferenzen endlos,
Aussichten trostlos.»

Antoine de Saint-Exupéry

Die Apokalypse,
die Neue Erde

8.1. Biblische und nachbiblische Grundlagen

Die Apokalypse an sich ist noch kein katastrophales Grosser-
eignis, wie viele meinen. Das Wort bedeutet zunächst ledig-
lich «Entschleierung».

Bekannt geworden ist sie im Zusammenhang mit der Offenbarung des Evangelisten Johannes. Er hat die damit ver-
bundenen verschlüsselten Botschaften auf der Insel Patmos
erhalten:

Off 10   *Am Tag des Herrn wurde ich vom Geist ergriffen und*
hörte hinter mir eine Stimme, laut wie eine Posaune.

Off 11   *Sie sprach: Schreib das, was du siehst, in ein Buch und*
schick es an die sieben Gemeinden: nach Ephesus,
nach Smyrna, nach Pergamon, nach Thyatira, nach
Sardes, nach Philadelphia und nach Laodizea!

Apokalypse meint die Entschlüsselung dieser Botschaften. Besonders geheimnisvoll sind die sieben Siegel und die sieben
Posaunen. Die nachbiblischen Offenbarungen gehen davon
aus, dass sechs Siegel bereits geöffnet sind, die Öffnung des
siebente im Gange sei.

Alles deutet auf eine völlige Neugestaltung der Erde hin.
Stichworte sind die Neue Erde, das Tausendjährige Reich, das
ewige Friedensreich.

In den nachbiblischen Offenbarungen, vor allem bei Bertha Dudde, Melanie oder Samuel Surazal sind die ganzen
Vorgänge im Detail beschrieben.

Ob man was beschrieben steht, als Katastrophe empfin-
det, ist Ansichtssache, für die Gott ferne Stehenden vielleicht
schon!

8.2. Was steht uns bevor?

Langsam erkennen die Menschen, dass wir die Erde gegen die Wand fahren. An der UN-Umweltkonferenz +50 von Anfangs Juni 2022 in Stockholm wurde dies auch klar formuliert: Ohne eine grundlegende Verhaltensänderung bewirkt die Menschheit ihren Untergang selbst.

Was sagen dazu die Bibel und die nachbiblischen Offenbarungen?

2 Tim 3,1   *Das sollst du wissen: In den letzten Tagen werden schwere Zeiten anbrechen.*

2 Tim 3,2   *Die Menschen werden selbstsüchtig sein, habgierig, prahlerisch, überheblich, bösartig, ungehorsam gegen die Eltern, undankbar, ohne Ehrfurcht,*

2 Tim 3,3   *lieblos, unversöhnlich, verleumderisch, unbeherrscht, rücksichtslos, roh,*

2 Tim 3,4   *heimtückisch, verwegen, hochmütig, mehr dem Vergnügen als Gott zugewandt.*

Offb 13,16   *Die Kleinen und die Grossen, die Reichen und die Armen, die Freien und die Sklaven, alle zwang es, auf ihrer rechten Hand oder ihrer Stirn ein Kennzeichen anzubringen.*

Offb 13,17   *Kaufen oder verkaufen konnte nur, wer das Kennzeichen trug: den Namen des Tieres oder die Zahl seines Namens.*

Nähere Erläuterung bei Jakob Lorber in Himmelsgaben, Band 1, Kapitel 41.05.07

Offb 9,16   *Ein Drittel der Menschen wurde durch diese drei Plagen getötet, durch Feuer, Rauch und Schwefel, die aus ihren Mäulern hervorkamen.*

Mt 24,40f   *Dann wird von zwei Männern, die auf dem Feld arbeiten, einer mitgenommen und einer zurückgelassen. Und von zwei Frauen, die mit derselben Mühle mahlen, wird eine mitgenommen und eine zurückgelassen.*

Wie alles vor sich gehen soll, wird in den nachbiblischen Offenbarungen geschildert, am ausführlichsten bei Bertha Dudde. Hinweise gibt es auch von Pater Pio, von Melanie, von Samuel Surazal, Jakob Lorber, dem Dritten Testament und vielen anderen.

Wie alles, was in der Zukunft liegt, durch unser Verhalten noch beeinflussbar ist, so ist es auch für die durch die Offenbarung angekündigte Endzeit. Es kann nützlich sein, aus den Prognosen hervorstechende Ereignisse zu kennen, um richtig reagieren zu können, sollten sie eintreffen. So kann man Ängste verhüten. Beispiele in Stichworten:

Kometen oder Asteroiden-Vorbeiflug: Bringe Erdachse zum Kippen, Stromausfall, Polsprung. Erdbeben, Vulkanausbrüche, tektonische Verschiebungen, zerstörende Feuer.

Die drei finsteren Tage, angeblich verursacht durch einen nahen Kometendurchgang, folgen auf eine kalte Nacht. Stromausfall. Alles verschliessen, Vorhänge zu. Wer hinausgeht, sterbe in giftigen Gasen. Gesegnete Kerzen[6] verwenden, ohne Unterbruch beten, das heisst, in Gedanken immer mit

---

6   Gemeint sind Gott geweihte Herzen, welche allein brennen.

Jesus verbunden zu sein. Nach drei Tagen sei alles vorbei und es werde Frühling sein.

Einzelne Quellen berichten nach den drei finsteren Tagen von einem **gelben Niederschlag** auf dem Boden. Dieser werde durch die Erde innert wenigen Tagen aufgenommen und erzeuge eine bisher nie gesehene Fruchtbarkeit.

Der **grosse Bär:** Eine Nebelwolke, welche sich alle 7000 Jahre zwischen die Sonne und die Erde schiebe. Die Sonne werde sie in wenigen Tagen auflösen können und es werde wieder sonnenklar sein. (vgl. auch Nibiru, Wikipedia)

Kriege, Hungersnöte, Antichrist

Entrückung: Jesus wird die Seinen quasi in letzter Minute von der Erde wegnehmen und vor dem irdischen Tod bewahren. Das geht ohne Luftschiffe! Jesus verkündet:

«Wo ihr als Übergangsort bleiben werdet, bis die neue Erde geschaffen ist, das werde ich euch nicht sagen. Keinesfalls auf einem anderen Planeten!»

Neubannung: Die Seelen der Menschen, welche dem Bösen zugeneigt bleiben wollen, werden in der Endzeit, wie damals beim Fall, atomisiert und wieder in die Materie eingeschlossen. Das schrecklichste Los, das man sich vorstellen kann!

8.3. Ermutigungen für die Endzeit

Kommt der Weltuntergang?

Die Erde hat im Weltplan Gottes eine besondere Aufgabe, als Hochschule des Kosmos zu wirken. Dies kann sie nur weiter erfüllen, wenn sie erhalten bleibt. Erhalten bleiben muss sie für die Rückkehrwilligen.

Unerlässlich geworden ist eine gründliche Säuberung durch eine Scheidung der Geister. In einer Hochschule stören

Studenten, welche gar nicht studieren, sondern sich nur vergnügen wollen. Also wird es zu einer Trennung zwischen Gut und Böse kommen müssen.

Gott unser Vater möchte alle bei sich zurückhaben, doch nur aus absolut freiem Willen. Nach dem Motto: «*Not lehrt beten!*» soll die bis zum Ende unserer Zeit ständig weiter ansteigende Not noch möglichst viele Menschen zur Umkehr veranlassen, damit sie gerettet werden können. Die Not ist demnach, so schrecklich dies auch sein mag, ein Gnadenakt Gottes. Bewirkt wird sie durch die Menschen, von Gott aber zugelassen.

Der Himmlische Vater in Jesus Christus verspricht, dass er die Seinen retten werde, dass sie sich also nie zu fürchten brauchen. Heissen kann dies, dass man vom Unglück verschont bleiben wird, aber auch, dass man durch ein vorzeitiges Abberufen werden Not und Zerstörung nicht mehr weiter miterleben muss.

8.4. Die Neue Erde

Der Apostel Johannes hatte auf der Insel Patmos die «Geheime Offenbarung» empfangen:

Offb 21,5: *Er, der auf dem Thron sass, sprach: Seht, **ich mache alles neu**. Und er sagte: Schreib es auf, denn diese Worte sind zuverlässig und wahr!*

Angesagt ist also kein kosmetisches Pflästerchen, wie beispielsweise zur CO_2-Reduktion, aber auch keine Zerstörung des Erdballs, also kein Weltuntergang, sondern eine allumfassende Reinigung. Sie betrifft die Menschen und was sie auf der Erde angerichtet haben.

Nach dem Bibelwort bei Mt 12,30 und Lk 11,23: «*Wer nicht mit mir ist, der ist gegen mich; wer nicht mit mir sammelt, der zerstreut.»* findet eine tiefgreifende Selektion unter den Menschen statt. Auf der nach der Säuberung entstehenden **Neuen Erde** haben den Gegenmächten anhangende Menschen keinen Platz mehr. Ihnen droht im Extremfall die **Neubannung.**

Bei Bertha Dudde No 3295 wird die Neue Erde sehr positiv beschrieben:

«Doch ihr könnt Euch keine Vorstellung machen von den Herrlichkeiten auf der neuen Erde, wo kein Leid mehr ist, und wo Ich alle Tränen trocknen werde. Der hl. Geist ist sehr wichtig für Euch, bittet immer wieder um ihn!»

In weiteren Beschreibungen erfahren wir, dass wir auf die modernen Errungenschaften der Technik werden verzichten müssen, wieder vieles von Hand machen werden, dass wir dies aber im Beisein von Jesus mit grosser Freude tun würden. So wird es keinen Materialismus mit seinen Abhängigkeiten mehr geben.

Da Satan dann für 1000 Jahre gebunden sein wird, wird es in diesem **Tausendjährigen Reich** auch keine Unwetter, keine Krankheiten, keine Not geben. Die Erde und auch die Menschen werden feinstofflicher sein, nach dem Doppelgebot der Liebe leben und über Fähigkeiten verfügen, die wir heute noch nicht kennen, von Ausnahmen derzeit lebender Menschen vielleicht abgesehen.

Nach diesen 1000 Jahren wird Satan nochmals für kurze Zeit (die Rede ist von 7 Jahren) freigelassen und dann endgültig gerichtet. Darauf folgt dann das **ewige Licht- und Friedensreich.**

So mindestens die Prophezeiungen unter der Voraussetzung, das Verhalten der Menschen wird sich nach den derzeitigen Trends weiter entwickeln.

Uneigennützige Liebe

«… Amen, ich sage euch: Was ihr für
einen meiner geringsten Brüder getan
habt, das habt ihr
mir getan.
Darauf wird er ihnen antworten:
Amen, ich sage euch:
Was ihr für einen dieser Geringsten
nicht getan habt, das habt ihr auch
mir nicht getan.»

Mt 25,40 und 45

Wichtig ist nicht das Wissen, sondern das Tun!

9.1. Leben nach dem Doppelgebot der Liebe

Wie sieht ein Leben nach Gottes Vorstellungen aus?

Jesus hat mit seinem Leben das Gesetz erfüllt, wie es in der Bibel heisst. Er hat gegen keines der 10 Gebote verstossen und blieb darum sündenfrei, trotz allen Versuchungen, die er zu bestehen hatte.

Die zehn Gebote lassen uns aber nur erkennen, wo wir gefehlt haben. Sie zeigen nicht, wie wir «in den Himmel» kommen. Darum blieb dieser auch für die gesetzestreuen Menschen vor der Inkarnation des Vaters in Jesus geschlossen.

Den Schlüssel brachte Jesus mit seinem Doppelgebot der Liebe. Es war zwar bereits auch in den Geboten der Juden enthalten, ging aber in der Flut der auf über 600 erweiterten mosaische Gesetze völlig unter.

Jesus legte es frei und zeigte uns mit seiner Betonung den Weg zurück ins Vaterhaus, in den obersten Himmel.

Das Doppelgebot der Liebe:

Mt 22,37   *... Du sollst den Herrn, deinen Gott, lieben mit ganzem Herzen, mit ganzer Seele und mit all deinen Gedanken.*

Mt 22,38   *Das ist das wichtigste und erste Gebot.*

Mt 22,39   *Ebenso wichtig ist das zweite: Du sollst deinen Nächsten lieben wie dich selbst.*

Mt 22,40   *An diesen beiden Geboten hängt das ganze Gesetz samt den Propheten.*

Oder bei Johannes:

Joh 13,34   *Ein neues Gebot gebe ich euch: Liebt einander!*
Wie ich euch geliebt habe, so sollt auch ihr ei-
nander lieben. Daran werden alle erkennen, dass
ihr meine Jünger seid: wenn ihr einander liebt.

Es gilt auch die Aussage, dass es zur Rückkehr ins Vaterhaus, zur Vollkommenheit, ausreicht, nach dem Doppelgebot der Liebe zu leben. Dies wird verständlich, wenn man erkennt, dass man bei einem Leben danach auch kein anderes der 10 Gebote Gottes mehr übertreten kann. Sie sind eingeschlossen.

Hilfreich mag auch die Überlegung sein, was es denn für eine anhaltende Glückseligkeit braucht. Kann man glücklicher sein, als wenn alle rundum sich permanent in selbstloser Liebe begegnen, es keine Streitigkeiten, keinen Hass usw. mehr gibt? Ist dafür eine Alternative zum Doppelgebot der Liebe denkbar? Wohl kaum!

Blicken wir in unseren realen Alltag, erscheinen solche Vorstellungen unrealistisch. Alle Menschen, wirklich alle, sollen liebevoll miteinander umgehen? Undenkbar! Wirklich? Und wenn die Menschheit 1 Million Jahre Zeit hat, sich durch unzählige Not-Zeiten hindurch dorthin zu entwickeln?

Seit seinem Kreuzesopfer und seinem: «Es ist vollbracht!», stehen die himmlischen Bereiche zur Rückkehr in den Ursprung in die ewige, uneingeschränkte Liebe und Glückseligkeit wieder offen, beliebig lange, ewig!

9.2. Das Wichtigste in Kürze

- Der Sinn des Lebens besteht darin, in Demut mit Jesu Hilfe in Gotteskindschaft zurückzukehren zum Ursprung.

- Dazu müssen wir:
  1. uns vom Materiellen lösen,
  2. uns in Demut Jesus anvertrauen,
  3. der Versuchung widerstehen und
  4. nach dem Doppelgebot der Liebe leben lernen.

- **Gott Gutes tun,** aus der Praxis eines Geistfreundes: «Meinen Schöpfer und Erlöser spreche ich mehrmals täglich bewusst und im Sinne von kindlichen Zwiesprachen im Gottesfunken meines Herzens an. Dies geschieht beim Beten und Unterstellen allen Tuns Seinem Segen, Seiner Begleitung. Durch ein Leben nach Seinen Geboten und auch durch Nächstenliebe suche ich Ihm Freude zu machen und dies, soweit mir dies geht, möglichst ohne Unterlass.»

- **Nächstenliebe**: Wahre Liebe ist uneigennützig Gutes tun Gott oder/und dem Nächsten d.h. auch dem «Feind»!

- **Jedem alles vergeben**!

- **Sich selbst lieben**: die Seele weiter in Richtung Vollkommenheit nähren, sie in Demut Jesus zu Seiner Freude näher bringen. Dazu ihr geistige Nahrung geben und unseren Körper als möglichst gesundes Gefährt erhalten.

- Joh 14,6: *Jesus sagte zu ihm: Ich bin der Weg und die Wahrheit und das Leben; **niemand kommt zum Vater ausser durch mich**.*

Wichtig ist nicht das Wissen – sondern das Tun!
Gott kann nur helfend eingreifen durch den Glauben an ihn!

Dank

Ein herzliches Dankeschön unserem himmlischen Vater und Erlöser Jesus Christus, dem wir alles Wissen verdanken, dann allen, die zum Kompendium in der vorliegenden Form beigetragen haben: Franz, Marianne, Robert, Rolf, Thomas, Yvonne und BoD, welche den Druck professionell verwirklich hat.

Literatur

«Wer Bücher liest, schaut in
die Welt und nicht nur bis
zum Zaune.»

Johann Wolfgang von Goethe

Umfangreiche Literaturhinweise finden sich im Buch, auf welches sich dieses Kompendium bezieht:

Meyer Rolf/Agustoni Helmut: Der Sinn des Lebens! Woher – wohin? Novum-Verlag: Berlin, München, Neckenmarkt, Zürich 2018, ISBN 978-3-99064-202-3

Dann auf der zugehörigen Website
http://universus-org.com/literatur/

Hinweise auf das Lorberwerk beim Verlag:
https://www.lorber-verlag.de/

Hinweise auf die Schriften von Bertha Dudde:
http://www.bertha-dudde.info/zum_werk/index.html

Unicon-Stifung:
https://unicon-stiftung.de/bibliothek/ (Literaturhinweise)
https://unicon-stiftung.de/buecher-der-stiftung/ (gratis!)
https://unicon-stiftung.de/buch-des-wahren-lebens/
(Das Dritte Testament)

Bücher von Melanie und Juta können gegen Spende bezogen werden bei
Hans-Willi Schmitz, St. Bernardinstrasse 47, D-47608 Geldern-Kappelen, Tel: +49 2838 2948

Ebenfalls gegen Spende:
Fratello: Jesus, Was sagen die Menschen, wer ich sei? (104 S)
Fratello1955@gmail.com Mobil + 49 1763 9239 962

Surazal, Samuel E. Ein Crash mit Höchstgeschwindigkeit gegen eine Wand aus Licht und Liebe. (500S)
ISBN 978-3-946467-80-9 info@samuel-surazal.com